축구
멘탈 코칭
EFT

축구 멘탈 코칭 EFT

김병준 지음

차례

서문

들어가며

저항할수록 문제는 지속된다. p.12

'받아들임'이 모든 문제 해결의 시작이다. p.13

Chapter1.
축구선수들의 마음치유 과정

EFT(Emotional Freedom Techniques, 감정자유기법)은 무엇인가? p.18

EFT를 활용한 축구선수들의 마음치유 과정 p.20

EFT를 할 때 주의할 점 p.25

내 마음속 감정을 느끼고 표현해보자(감정표현단어) p.26

Chapter2.
축구선수들의 나쁜 기억 지우기

공격수의 실수 트라우마 p.35
- 실수할까 봐 두렵고 불안해요.

수비수의 실책 트라우마 p.40
- 스카우터의 시선이 너무 의식돼요.

골기퍼의 실책 트라우마 p.45
- 골 먹힐 때마다 분하고 수치스러운 마음을 참을 수 없어요.

축구 유학 생활의 좌절과 상처 p.49

Chapter 3.
마음의 기본기 키우기

실수에 대한 수치심 내려놓기	p.59
축구가 내 마음대로 되지 않아서 너무 화가 나요.	p.62
공만 잡으면 조급해져요.	p.65
주변 사람들의 기대와 압박감이 심해요.	p.68
미움받을 용기	p.74
억지로 문제점을 찾을 때	p.78
내가 통제할 수 있는 것 vs 통제할 수 없는 것	p.80
징크스를 없애고 싶어요. (루틴 vs 징크스)	p.86
어린 시절의 상처	p.94
끈기와 믿음	p.105
간절하되, 여유 있는 마음으로	p.113

Chapter 4.
부상과 재활의 스트레스 내려놓기

부상 후 예전 기량이 돌아오지 않는 답답함	p.120
불안하고 조급한 재활의 시간	p.122
헤딩 부상의 트라우마	p.129
부상 당시의 생생한 기억	p.133
재부상의 두려움, 좌절감	p.136
혹사의 기억, 몸이 보내는 통증의 신호	p.144

Chapter5.
부모님, 지도자와의 스트레스 내려놓기

부모님으로부터 받는 스트레스   p.154
폭력과 폭언 트라우마   p.157
지도자에 대한 불만 풀어내기   p.165

Chapter6.
실전을 위한 멘탈 키우기

나는 긴장감 속에 더욱 성장한다.   p.178
무(無) 판단의 상태를 유지하자.   p.183
나의 강점을 생각하자.   p.186
긍정 확언과 상상   p.189

Chapter 7.
부모님, 지도자의 마음치유

(부모 편) 자식 운동시키는 부모 마음은 누가 치유해주나요?
- 아이의 성적이 부모님 노력을 보상하지 못한다고 느낄 때   p.210
- 조급한 마음으로 아이를 몰아붙일 때   p.212
- 폭력과 폭언으로 상처받은 아이의 모습을 볼 때   p.213
- 지도자에게 받은 상처   p.215
- 동료 부모님들에게 받은 상처   p.217
- 시즌 중 겪는 감정의 부침   p.218

도대체 아이와 어떻게 대화해야 할까요?
- 아이들은 부모의 말이 아닌 감정을 따릅니다.   p.222
- 비교는 최악의 대화법   p.223
- 공감을 통해 감정부터 어루만져주세요.   p.224
- 운동하는 청소년들의 특성을 이해해주세요.   p.226

(지도자 편) 어릴 적 스승이 그 아이의 운명을 좌우한다.
- 무의식에 가득한 폭력의 기억을 정화하자.   p.231
- 선수들을 지도하며 받는 스트레스를 EFT로 풀어내자.   p.233

여기서 잠깐

나를 객관적으로 평가하는 메타인지(meta-cognition) 학습법	p.28
트라우마(외상,trauma)란?	p.44
중독과 나쁜 습관을 줄이자.	p.90
감정의 전이와 투사	p.102
장고(長考) 끝에 악수(惡手) 둔다.	p.111
"나는 할 수 없다." 학습된 무기력	p.126
EFT 기법은 부정적 감정에 기인한 통증의 완화에 도움이 된다.	p.140
우리 뇌는 위협적인 상황에서 어떻게 반응할까?	p.168
생각을 억누르면 더 생각나는 이유.	p.182
상상의 힘	p.192

들어가며

"얼마나 억눌리며 운동했을까.."

엘리트 학생 운동 선수들을 상담하면서 선수들의 내면에 억눌린 감정이 풀릴 때, 한껏 울음을 터트리는 모습을 본다. 아직 여리고 순수한 유소년 선수들이 얼마나 힘든 감정을 참고 버티며 운동을 했을까 생각하니 마음이 아프다. 우리나라 학생 선수들을 힘들게 하는 건 운동 실력뿐만 아니라 그 외적인 부분도 많다.

"실수할 때마다 욕하고 비난하는 강압적인 팀 분위기에 운동하는 게 너무 두렵고 무섭습니다."
"코치님이 왜 그렇게 저를 차별하는지 모르겠어요. 저만 혼내고 욕하고 뺑뺑이 돌릴 때면 정말 다 때려치고 싶은 마음뿐입니다."
"부상의 기억에서 빠져나오지 못합니다. 무릎 인대가 끊어졌던 기억이 너무 생생해요. 재활이 너무 외롭고 힘드네요."
"평소 내성적이고 소심한 성격 때문에 팀원들과 잘 지내지 못해요. 혹 사람들이 나를 안 좋게 보지 않을까 불안해서 실력발휘를 못 할 때가 많습니다."

책 〈스포츠 멘탈 코칭 EFT〉 출간 이후 많은 스포츠 선수가 'EFT(감정자유기법)'을 활용해 자신의 멘탈적인 슬럼프를 극복하는 데 도움을 받았다고 전해왔다. 하지만 보편적인 내용을 주로 담다보니, 각 종목 선수들이 더욱 EFT 기법을 잘 활용했으면 하는 아쉬움이 있었다. 〈축구 멘탈 코칭 EFT〉는 그 공백을 메우는 책으로, 축구 선수들의 마음 문제를 구체적으로 살펴보며 스스로 치유하는 과정을 담은 '실천 편'이다.

나는 이 책을 통해 성공한 축구선수들의 영웅담을 이야기하려고 하는 것이 아니다. 대신, 엘리트 학생 혹은 2부리그 이하 선수들, 독립구단과 실업팀, 외국 리그를 전전하며 성공과 재기를 노리는 선수들에게 실질적으로 도움이 되는 내용을 전달하고자 한다. 성공을 위해 악착같이 노력하지만, 심리적인 문제로 제 실력을 발휘할 수 없는 선수들을 위한 내용을 담았다. 간단하면서도 효과적인 마음치유 도구를 통해 축구를 하며 쌓였던 나쁜 기억과 감정을 비워내고, 내면에 숨어있는 잠재력을 맘껏 펼치길 간절히 바란다.

저항할수록 문제는 지속된다.

슬럼프에 빠진 선수의 마음을 살펴보면, 문제보다도 그 문제에 저항하고 발버둥 치면서 자신을 더욱 괴롭힌다는 것을 알 수 있다. 생각하지 않기 위해 생각하는 아이러니한 상황에 빠지는 것이다. 우리의 뇌는 부정형을 인식하지 못하기 때문에 실수하지 말자고 아무리 발악해도, 마음은 이미 실수의 이미지로 가득 차게 된다. 마음속에서 피어오르는 감정을 부정하고 억누를수록 그 감정은 우리 무의식을 장악하고 그에 맞는 현실을 만든다. 분노를 억압할수록 나를 더욱 화나게 하는 상황에 마주하게 되고, 실수를 수치스럽게 생각할수록 수치심을 불러일으키는 실수는 더욱 잦아진다. 이런 마음 상태에서는 자신의 기량을 제대로 발휘할 수 없다.

'받아들임'은 모든 문제 해결의 시작이다.

 과거 실수의 기억 때문에 두려움을 느끼는 선수가 그 기억 속 감정을 받아들이고 내려놓으면, 실수는 더이상 두렵거나 부끄러운 일이 아니게 된다. 실수는 '절대 하지 말아야 할 것'에서 '성장의 과정'으로 바뀌게 되고, 앞으로의 실수에도 감정을 쏟지 않고 흘려보낼 수 있게 된다. 선수는 반복훈련으로 기술을 체화하고, 시합에서 무의식적으로 발휘할 수 있어야 한다. 그걸 가로막았던 의식적인 간섭과 통제, 억눌린 감정이 사라지면 기술은 다시 물 흐르듯 자연스럽게 드러난다. 감독님에 대한 분노, 동료에 대한 질투, 성과를 내야 한다는 조급함 등 선수들이 겪는 모든 감정적인 문제가 마찬가지다. 저항하지 않고 받아들이면, 선수는 그것을 무심히 흘려보낼 수 있다. 받아들이는 과정이 습관화되면, 앞으로 삶에서 만나게 될 어떤 문제도 극복할 힘이 생긴다. EFT(감정자유기법)은 이 '받아들임'이라는 원리를 가장 잘 느끼게 해주는 치유 도구다.

 이 책을 통해 이제까지 운동을 하면서 쌓인 감정의 응어리들을 하나씩 정화해보자. 각 파트에서 말하는 내용을 참고해 자신의 축구 인생을 성찰하며 상처받은 마음을 치유해보자. 중복되는 내용은 그만큼 중요한 부분이니, 반복적으로 읽으며 마음을 비워내면 된다. 그렇게 책을 다 읽어갈 즈음에는 몸과 마음이 한결 가벼워진 자신을 발견할 수 있을 것이다.

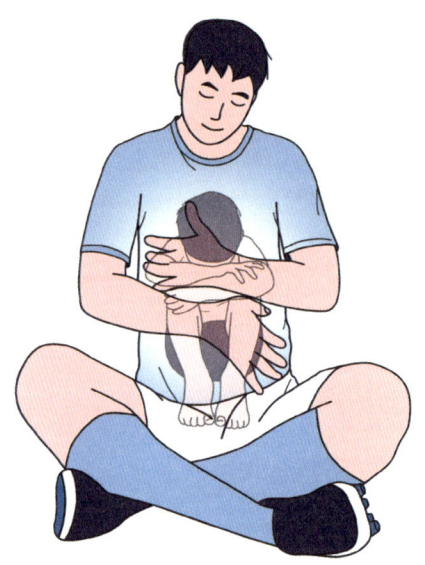

이 책은 내면에 상처받고 힘들어하는 자신을 발견하고,
진심 어린 위로와 사랑으로 치유해나가는 여정을 담았다.

1

축구선수들의 마음치유 과정

이 책에서 주로 쓰는 심리기법

EFT(Emotional Freedom Techniques)는 무엇인가?

EFT(Emotional Freedom Techniques)는 말 그대로 감정(emotion)을 자유(freedom)롭게 해주는 기술(Technique)이다. 동양의 침술과 심리치유 원리가 결합되어 언제 어디서든지 손쉽게 사용할 수 있는 기법이다. 미국의 EFT 공식 매뉴얼은 현재 200만 부 이상 배포되었고, 30개 이상의 언어로 번역되었다. 미국심리학회(American Psychological Association, APA)의 기준에 따르면 EFT는 불안증, 우울증, 외상 후 스트레스 장애(PTSD) 및 공포증에 효과가 있음이 입증되었다. 최근 우리나라에서도 부정적 감정의 해소 효과를 인정받아 보건복지부 신의료기술로 등재*되었다.

EFT는 인체를 하나의 에너지 시스템으로 간주한다. 자연스럽게 순환해야 할 에너지 흐름이 깨지면 몸과 마음에 문제가 발생한다고 본다. 이를 바로 잡기 위해 경혈점(기가 흐르는 경락 위에 침을 놓는 지점)을 손가락으로 가볍게 자극하고 해결하고 싶은 문제를 말로 표현한다. EFT를 통해 부정적 감정이 사라지면 그와 관련된 신체적, 심리적인 문제가 빠르게 회복되는 경우가 많다.

EFT 기법은 1980년대 초반 임상 심리학자인 로저 칼라한(Roger J. Callahan)이 개발한 TFT(Thought Field Therapy, 사고장요법)에서 출발한다. 칼라한은 30대 후반 여성의 물 공포증을 치료하고 있었는데, 내담자는 물에 대한 두려움으로 일상생활조차 제대로 할 수 없는 상태였다. 그는 온갖 방법을 동원하여 그녀를 치료하려 했지만, 전혀 효과를 보지 못했다. 어느 날 그녀는 물을 생각할 때마다

---

* 신의료기술 고시: 제2019-232호 768, 2019.05.20. 신의료기술평가사업본부

위장 부위에서 끔찍한 두려움이 느껴진다고 했다. 평소 침술에 관심이 있었던 칼라한은 그녀에게 물을 생각하며 위(胃) 경락의 말단 부분인 승읍혈(눈 아랫부분)을 손가락으로 두드려보라고 한다. 칼라한은 지푸라기라도 잡고 싶은 심정에 한 말이었지만, 그 효과는 의외로 대단했다. 몇 분간 혈 자리를 자극하던 그녀는 위장에서 끔찍한 공포의 느낌이 사라졌고, 그 자리에서 일어나 근처에 있는 수영장으로 가서 온몸에 물을 끼얹었다. 당일 저녁에는 파도가 치는 바닷물에 몸을 담글 수 있을 만큼 그녀의 물 공포증은 완전히 치유되었고, 20년이 지나서도 재발하지 않았다.*

이 사례를 바탕으로 칼라한은 긴 연구 끝에 TFT(Thought Field Therapy) 기법을 만들었지만, 증상에 따라 두드리는 경혈의 순서가 달라 일반인이 따라 하기에는 굉장히 복잡했다. 마침 그에게 TFT를 배운 개리 크레이그(Gary Craig)는 여러 시도 끝에 누구나 쉽고 빠르게 사용할 수 있는 방법을 개발하게 되는데, 이것이 바로 현재의 EFT 기법이다. EFT는 신체의 모든 경락의 경혈점을 두드리면서 문제를 직면하고 받아들이는 방법으로, 전세계 수백만명이 활용하고 있는 간단하면서도 효과가 강력한 심리기법이다.**

---

* Roger J. Callahan, 몸을 두드려 마음을 치료하는 TFT 5분 요법, 이한기 옮김, 정신세계사. 2002
** EFT의 자세한 효과에 대한 정보는 책 '스포츠 멘탈 코칭 EFT'를 참조.

EFT 기법을 활용한 축구 선수들의 마음치유 과정

본격적으로 EFT 기법을 활용하여 마음을 치유하는 과정에 대해 알아보자. 이 책에서는 필자가 수많은 임상을 통해 운동선수들에게 가장 적합한 치유 방법을 제시한다.

1. 해결하고 싶은 멘탈 문제를 정하고, 그 감정의 수치를 체크해보자.
2. 그 감정을 온전히 직면하고 받아들인다는 마음으로 EFT 타점을 두드린다.
3. 긍정 확언과 이미지트레이닝을 통해 새로운 마음상태를 만들어나간다.
4. 충분히 효과가 날 때까지 앞의 과정을 반복한다.

사례) 민수(고3, 공격수)의 문제를 EFT로 해결해보자.

1. 해결하고 싶은 멘탈 문제를 정하고, 그 감정의 수치를 가늠해본다.

민수(고3 공격수): "몇 달 전 대통령금배 전국대회 준결승전에서 몇 차례의 결정적인 골 찬스를 놓친 뒤, 큰 두려움과 부끄러움을 느꼈다. 이후 시합만 들어가면 자신에게 공이 올 때마다 불안하고 위축된다. 시간이 갈수록 실수에 대한 두려움은 더욱 커지고, 실력 발휘를 전혀 못하고 있다."

0은 전혀 불편함이 없는 상태
4~6은 어느 정도 방해를 끼치는 상태
9~10은 도저히 감당할 수 없는 상태

2. 문제를 온전히 받아들인다는 마음으로 EFT 타점을 두드린다.

아무도 없는 곳에서 크게 소리내어 EFT를 하면 더욱 집중이 잘 된다. 주변이 신경 쓰인다면 마음속으로 해도 좋다.

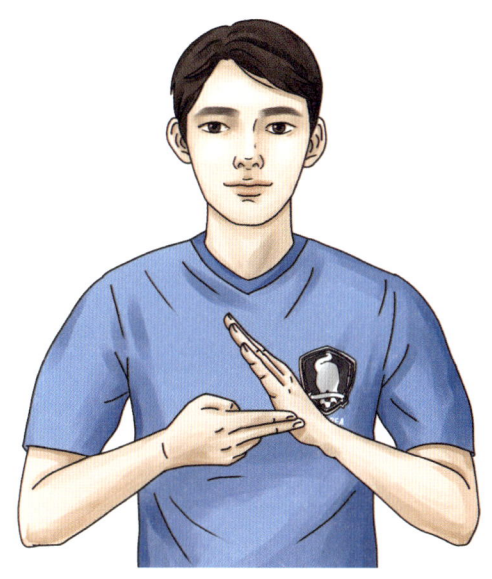

① 그 당시 느꼈던 감정을 직면하고 받아들인다는 마음으로 손날 타점을 두드린다. 3번 정도 실시한다.

"나는 전국대회에서 결정적인 찬스를 놓친 기억만 하면 아직도 두렵고 불안하지만, 이런 나를 마음속 깊이 이해하고 받아들인다."
"나는 당시 찬스를 놓치며 느꼈던 두려움과 부끄러움이 아직도 생생하지만, 그 감정을 온전히 인정하고 느끼고 내려놓는다."
"나는 당시 너무 부끄럽고 두려워서 쥐구멍에라도 숨고 싶었지만, 차라리 나에게 공이 안 왔으면 했지만, 이런 나 자신을 진심으로 위로하고 사랑한다."

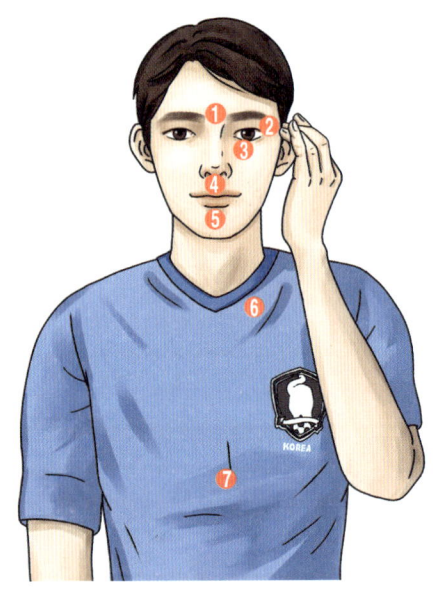

② 힘들었던 나 자신을 위로하고 사랑하는 마음으로 얼굴 타점부터 두드려 나간다. 각 타점마다 4~12번 정도 두드린다. 총 2회전 이상 반복하고, 마지막은 쇄골 타점을 두드리며 심호흡과 함께 마무리한다.

1회전
① 눈썹 안쪽(4~12번) : "전국대회에서 결정적인 찬스를 놓쳤던 기억이 아직도 생생하다."
② 눈 옆(4~12번) : "그때 느꼈던 두려움과 부끄러움이 아직도 마음속에 크게 남아있다."
③ 눈 밑(4~12번) : "너무 두렵고 부끄러워서 쥐구멍에라도 숨고 싶었다."
④ 코 밑(4~12번) : "너무 힘들고 괴로웠다."
⑤ 입 밑(4~12번) : "차라리 나에게 공이 안 왔으면 했다."
⑥ 쇄골 밑(4~12번) : "이제는 그때의 두려운 감정을 온전히 직면하고 받아들인다."
⑦ 명치 옆(4~12번) : "두렵고 힘들었던 나 자신을 진심으로 위로하고 사랑한다. 그 일은 이미 지났으니 이제 마음속 깊이 내려놓는다."

2회전

① 눈썹 안쪽(4~12번) : "전국대회에서 결정적인 찬스를 놓쳤던 기억이 아직도 생생하다."
② 눈 옆(4~12번) : "그때 느꼈던 두려움과 부끄러움이 아직도 마음속에 크게 남아있다."
③ 눈 밑(4~12번) : "너무 두렵고 부끄러워서 쥐구멍에라도 숨고 싶었다."
④ 코 밑(4~12번) : "너무 힘들고 괴로웠다."
⑤ 입 밑(4~12번) : "차라리 나에게 공이 안 왔으면 했다."
⑥ 쇄골 밑(4~12번) : "이제는 그때의 두려운 감정을 온전히 직면하고 받아들인다."
⑦ 명치 옆(4~12번) : "두렵고 힘들었던 나 자신을 진심으로 위로하고 사랑한다. 그 일은 이미 지났으니 이제 마음속 깊이 내려놓는다."

마지막으로 쇄골 밑 타점을 두드리며 3번 정도 큰 심호흡으로 마무리한다. 당시의 두려운 감정을 몸 밖으로 배출한다고 생각하며 깊고 천천히 호흡한다. 이후, 두려움의 수치가 얼마나 내려갔는지 살펴보자.

0은 전혀 불편함이 없는 상태
4~6은 어느 정도 방해를 끼치는 상태
9~10은 도저히 감당할 수 없는 상태

감정이 완전히 '0'으로 내려갔다면(마음이 편안해지거나 긍정적인 이미지가 느껴진다면) EFT가 잘 된 것이다. 하지만 부정적 감정이 계속 남아있다면, 위 과정을 한 번 더 반복한다.

Tip) 본래의 EFT의 전체 과정에는 눈동자의 움직임을 활용한 뇌조율 과정이 있지만, 생략해도 무방해서 책에 적지 않았다. 겨드랑이 밑 타점과 손가락 타점 또한 생략했다. 감정의 정도를 수치로 표현하기 어렵다면 그 당시 나의 모습(이미지)이 어떻게 바뀌는지(부정적 → 긍정적)에 초점을 맞추고 EFT를 해도 된다.

3. 긍정 확언과 이미지트레이닝

2번 과정을 충분히 했다면, 확언(자기 암시)과 상상을 통해 새로운 마음가짐을 만들어나가자. 이때는 얼굴 타점만 두드려도 된다.

① 눈썹 안쪽 : "그 일은 이미 지났다. 나는 그 일로 충분히 힘들어했다. 이제 다 내려놓자."
② 눈 옆 : "(스스로에게) 얼마나 힘들고 괴로웠니? 이제 괜찮아. 다 털어버리자."
③ 눈 밑 : "고칠 게 있다면 하나씩 바꿔나가자."
④ 코 밑 : "이 실패를 통해 나는 더욱 강해진다."
⑤ 입 밑 : "이 실패를 통해 나는 더욱 대범해진다."
⑥ 쇄골 밑 : "이 실패를 계기로 나의 기술과 멘탈은 더욱 성장한다."
⑦ 명치 옆 : "나는 모든 면에서 점점 더 좋아지고 있다."

각자의 상황에 맞게 확언 문장을 만들어 타점을 두드리며 상상해보자. 1~3번의 과정을 꾸준히 하다 보면, 부정적 감정은 사라지고 더욱 편안한 마음으로 운동을 할 수 있을 것이다.

EFT를 할 때 주의할 점

● 해결하고 싶은 멘탈 문제에 최대한 집중하면서 타점을 두드리자. 내려놓고 싶은 부정적인 감정을 온전히 마주하고 느껴주면서 EFT를 해야 효과가 있다.

● 문제를 구체적으로 표현하며 EFT를 해보자. 단순히 "불안하다"다 보단, 그 이유를 구체적으로 짚어가면 더 큰 치유 효과를 볼 수 있다.

예시)

"나는 찬스를 놓칠까 봐 불안하지만, 이런 나를 이해하고 받아들인다."
▶ "나는 찬스를 놓쳐서 감독님에게 혼날까 봐, 스카우터들이 나를 안 좋게 평가할까 봐 몸이 경직되고 불안해지지만, 이런 나를 온전히 이해하고 받아들인다."

"나는 시합만 되면 위축되고 내 실력을 발휘 못 하지만, 이런 나를 받아들이고 사랑한다."
▶ "나는 시합만 되면 저번 경기 때처럼 크게 실수해서 사람들이 실망할까 봐 불안하고 두렵지만, 그래서 플레이가 계속 위축되고 주눅이 들지만, 이런 나를 온전히 위로하고 사랑한다."

● EFT를 제대로 했는데도 효과를 느낄 수 없다면, 그 이면에는 더 깊은 문제가 숨어있을 수 있다. 선수들의 슬럼프에는 그간 살아오면서 겪은 수많은 기억과 감정이 얽혀있기 때문이다. 이때는 빨리 좋아져야 한다는 조급한 마음을 내려놓고 억눌린 감정을 하나씩 풀어나갈 필요가 있다.

● 과거 기억을 억지로 떠올리며 EFT를 할 필요는 없다. 마음을 치유하는 목적은 현재를 충실히 살아가기 위해서이기 때문이다. 굳이 자신을 괴롭히지 않는 문제에 대해서는 억지로 EFT를 적용하지 않아도 된다.

감정표현 단어

 오랜 기간 감정을 억누르고 숨기는 것이 습관이 된 선수들은 자신의 마음을 표현하는 데 어려움이 있다. 단순 '화난다'의 표현도 '분노', '격분', '울화가 치미는', '억울한' 등으로 구체적으로 표현할 수 있다. 다음 단어들을 하나씩 살펴보며 자신의 감정에 맞는 적절한 단어들을 골라보자. 그리고 그 감정을 충분히 느끼는 연습을 해보자. 자신의 마음을 구체적으로 표현하며 EFT를 하면 더 좋은 효과를 볼 수 있다.

● 감사하고 기쁜 감정
감사한, 고마운, 감동에 찬, 감격스러운, 벅찬, 뭉클한, 환희에 찬, 충만한, 즐거운, 유쾌한, 통쾌한, 흔쾌한, 기쁜, 행복한, 반가운, 따뜻한, 감미로운, 포근한, 푸근한, 사랑스러운, 정을 느끼는, 친근한, 훈훈한, 정겨운

● 만족하고 평안한 감정
산뜻한, 상쾌한, 흡족한, 뿌듯한, 개운한, 후련한, 든든한, 흐뭇한, 만족한, 홀가분한, 편안한, 느긋한, 담담한, 친밀한, 친근한, 긴장이 풀리는, 안심되는, 차분한, 가벼운, 평화로운, 누그러지는, 고요한, 여유로운, 진정되는, 잠잠해진, 평온한

● 활동적이고 희망찬 감정
활기찬, 흥미로운, 흥분된, 기운 넘치는, 재미있는, 끌리는, 신나는, 용기 나는, 자신감 있는, 기력 넘치는, 대담한, 당당한, 살아있는, 생기가 도는, 원기가 왕성한, 힘이 솟는, 두근거리는, 설레는, 기대에 부푼, 들뜬, 희망에 찬

● 걱정되고 두려운 감정
뒤숭숭한, 걱정되는, 까마득한, 막막한, 암담한, 염려되는, 근심하는, 신경 쓰이

는, 두려운, 무서운, 오싹한, 간담이 서늘한, 소름 끼치는, 섬뜩한, 불안한, 위축되는, 주눅 드는, 조바심 나는, 조급한, 마음이 앞서는, 긴장한, 떨리는, 안절부절못한, 조마조마한, 초조한

● 답답하고 불편한 감성
답답한, 가슴이 막히는, 갑갑한, 숨 막히는, 불편한, 거북한, 언짢은, 괴로운, 겸연쩍은, 곤혹스러운, 떨떠름한, 성가신, 난처한, 멋쩍은, 쑥스러운, 서먹한, 낯선, 어색한, 찝찝한

● 분하고 부끄러운 감정
화가 나는, 분한, 끓어오르는, 격노한, 분개한, 속상한, 약 오르는, 혐오스러운, 울화가 치미는, 핏대 서는, 억울한, 창피한, 민망한, 당혹스러운, 무안함, 부끄러운, 숨고 싶은, 도망가고 싶은, 수치스러운

● 슬프고 후회되는 감정
슬픈, 가슴이 찢어지는, 마음 아픈, 구슬픈, 그리운, 눈물겨운, 목이 메는, 서글픈, 서러운, 쓰라린, 애끓는, 울적한, 참담한, 처참한, 안타까운, 한스러운, 비참한, 처연한, 서운한, 애석한

● 우울하고 외로운 감정
우울한, 허한, 침울한, 꿀꿀한, 피곤한, 냉담한, 섭섭한, 야속한, 외로운, 고독한, 공허한, 적적한, 허전한, 허탈한, 쓸쓸한

● 좌절하고 무기력한 감정
좌절한, 낙담한, 절망스러운, 막막한, 힘든, 지친, 노곤한, 맥 빠지는, 김빠지는, 무료한, 지겨운. 지루한, 지긋지긋한, 귀찮은, 심심한, 따분한, 무기력한, 무감각한, 밥맛 떨어지는, 정떨어지는, 멍한

> **여기서 잠깐!** 나를 객관적으로 평가하는 메타인지(meta-cognition) 학습법

메타(meta)는 '한 차원 넘어서는'을 뜻하는 그리스어에서 유래되었고, 인지(cognition)는 '어떤 대상에 대한 지각과 판단'을 뜻한다. 메타인지는 자신의 인지 과정을 한 차원 높은 관점에서 객관화하여 볼 수 있는 성찰 능력으로 해석할 수 있다. 메타인지 학습법을 잘 활용하면 자신의 부족한 부분은 무엇이고, 그것을 채우기 위해서 어떤 방법과 계획을 세워야 하는지를 알 수 있다. 네덜란드 라이덴 대학교 마르셀 베엔만(Marcel Veenman) 교수가 25년 이상 메타인지에 교육법에 관해 연구한 결과, 실제 학생들의 성적은 지능지수(IQ)보다 메타인지 학습법에 더 크게 좌우된다고 말한다. 자신의 부족한 점을 명확히 알고, 이를 보완함으로써 효율적인 학습이 가능하기 때문이다.

메타인지 학습법은 운동선수가 기술과 멘탈을 강화하는 과정에서 유용하게 활용할 수 있다. 현재 나에게 부족한 것은 기술인지, 아니면 기술을 뒷받침하는 마음의 문제인지 객관적으로 살펴볼 필요가 있다. 혹 멘탈을 키울 필요가 있다면 나를 방해하는 생각과 감정, 기억은 무엇인지, 어떤 상황에서 어떻게 나를 괴롭히는지 구체적으로 살펴보자. 그리고 그것에 맞는 해결방법은 무엇인지 고민해보자.

예시)

나에게 문제가 되는 멘탈적인 부분	계획 / 극복방안
실수를 심하게 두려워하고, 사람들이 나를 안 좋게 생각할 것이라는 걱정 때문에 플레이가 계속 위축된다.	실수했던 기억을 EFT로 지우고 미움받을 용기를 가진다. 실수를 다 오픈하고 보여주는 배짱을 키운다.
포지션 경쟁에서 밀릴 때 분노와 열등감을 못 이겨 실수가 더 빈번하게 일어난다.	분노와 열등감을 EFT로 내려놓고, 기회가 올 때까지 묵묵히 기다리며 정진하는 마음을 키운다.
긴장을 부정적으로 생각하고 불안으로 증폭시켜 시합을 자주 망친다.	긴장은 내가 마주한 상황을 잘 풀어나가기 위한 몸의 자연스러운 반응이라는 것을 유념한다.
어린 시절 가정에서 받은 상처가 현재 인간관계에 부정적 영향을 끼친다.	어린 시절 상처를 EFT와 내면아이 기법 등으로 꾸준히 치유한다.

한 번 실패를 경험하였다면, 이제는 나를 객관적으로 살펴보고 새로운 전략과 계획을 세워 다시 도전하자. 나에게 부족한 멘탈 근육은 어디인지, 경기력을 방해하는 기억과 감정은 무엇인지 하나씩 찾고 내려놓는 과정을 통해 진짜 강심장을 만들어나가자.

실습하기 나의 부족한 부분을 객관적으로 하나씩 살펴보자.

- [ ]
- [ ]
- [ ]
- [ ]
- [ ]
- [ ]
- [ ]
- [ ]
- [ ]
- [ ]
- [ ]
- [ ]
- [ ]
- [ ]

실습하기 부족한 부분을 극복하기 위한 방안을 생각해보자.

이 책을 읽는 동안
축구를 하면서 겪었던 마음의 상처들이
깊이 치유되길 바랍니다.

2

축구선수들의 나쁜 기억 지우기

과거가 나의 발목을 잡고 있다고 생각하지만,
실은 내가 그 과거를 잡고 놓아주지 않을 뿐이다.

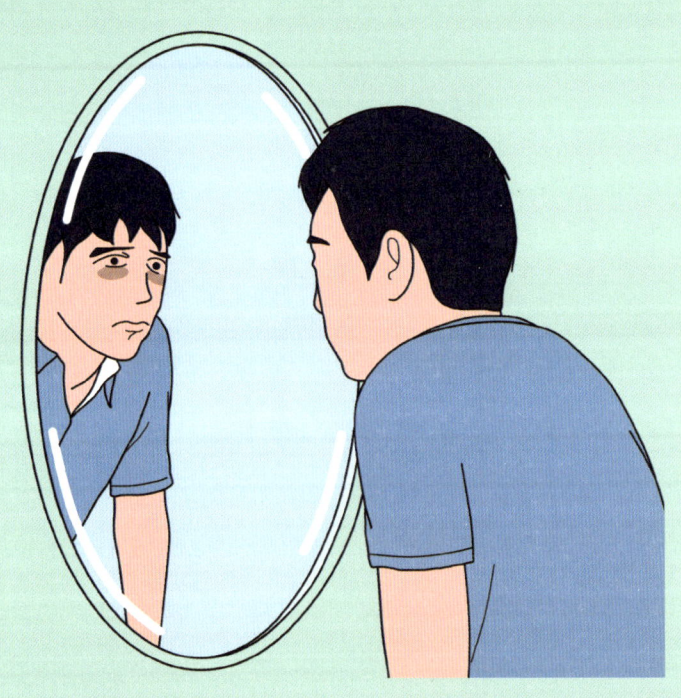

공격수의 실수 트라우마

실수할까 봐 두렵고 불안해요.

고등학교 3학년인 진수(가명)는 팀의 주전 공격수로 시합에서 많은 골을 넣어 왔다. 하지만 최근 들어 중요한 순간에 결정적인 찬스를 계속 놓치면서 자신감이 떨어지고, 시합만 되면 또 실수할 것 같은 불안함이 몰려온다.

진수 : "몇 달전 전국대회 준결승에서 좋은 찬스를 어이없게 계속 놓치는 바람에 골을 넣지 못해 팀이 지게 되었습니다. 그 실수만 아니었으면 충분히 이겼을 경기였는데.. 팀에게 너무 미안하고 죄송했습니다. 숙소로 돌아갈 때 얼마나 눈물이 나오던지.. 그때의 실수가 마음속에 크게 자리 잡고 있어서인지 시합만 되면 불안해져요. 그 뒤로 비슷한 상황에서 또 실수를 반복하다 보니 이제는 공이 오면 위축되고 상대 수비수 뒤로 숨게 됩니다. 차라리 저에게 기회가 안 왔으면 좋겠다는 생각이 들 때가 많아요."

김 코치 : "그때 실수했을 때의 모습 아직도 생생하죠? 가장 기억에 남는 순간을 말해줄래요?"

진수 : "생생하죠. 그냥 가볍게 차서 넣으면 됐었는데 몸에 힘이 너무 들어가서 골대 옆으로 빗나갔어요. 정말 부끄러워서 쥐구멍에라도 숨고 싶었습니다. 생각만 해도 싫어요."

김 코치 : "자, 지금 이 순간만큼은 그때의 기억을 회피하지 말고 마주하고 직면해보죠. 생각을 억누르고 외면하면 나를 더욱 따라다녀요. 온전히 받아들이며 EFT 해보죠. 한 번 따라해봐요."

손날 타점

"나는 그때 실수했던 기억이 아직도 생생하지만, 이런 나를 마음속 깊이 이해하고 받아들인다."

"나는 좋은 찬스를 어이없게 날려버렸을 때 너무 부끄럽고 창피했지만, 그 마음을 이제는 온전히 느끼고 받아들인다."

"나는 그때 기억이 너무 부끄럽고 쪽팔려서 항상 억누르고 외면했지만, 이제는 온전히 직면하고 받아들이고 내려놓는다."

얼굴 타점

"중요한 찬스를 어이없게 놓쳤던 기억이 아직도 생생하다. 그때의 충격을 잊을 수가 없다. 너무 부끄러워서 쥐구멍에라도 숨고 싶었다. 왜 그걸 놓쳤을까, 왜 골을 넣지 못했을까.. 아직도 그 트라우마가 마음속에 생생하다. 나를 너무 괴롭게 하는 이 기억을 항상 억누르고 회피하며 살았지만, 그럴수록 나는 더욱 불안하고 두려워졌다. 이제 그때의 순간을 온전히 직면하고 받아들인다. 부끄럽고 창피했던 그 순간의 나를 진심으로 위로하고 사랑한다."

김 코치: "당시 내가 느꼈던 감정을 온전히 느끼고 받아들여 봐요. 그리고 나 자신을 진심으로 위로해주는 겁니다."

나를 위로하며, 얼굴 타점

"결정적인 찬스를 놓쳐서 얼마나 부끄럽고 숨고 싶었니? 그때의 기억을 억누르며 운동한다고 얼마나 불안하고 힘들었어? 이제 괜찮아. 다 받아들이고 내려놓자. 사랑한다."

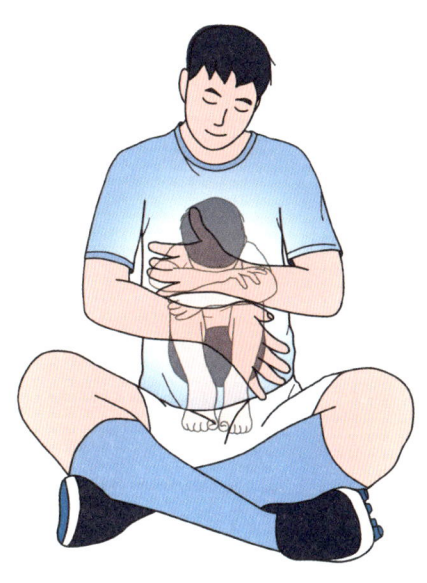

김 코치 : "감정이라는 것은 5살짜리 어린아이와 같아요. 억누르고 외면하면 자신의 존재를 인정받기 위해 더욱 발악하죠. 그 순간에 내가 느꼈던 부끄러움의 존재를 온전히 인정해주세요. 가슴으로 받아들이고 느껴주는 겁니다."

진수 : "후.. 그때 기억이 너무 부끄러워서 항상 억누르고 살았는데, 직면하고 받아주니까 사라지는 것 같아요. 마음이 후련해지네요."

김 코치: "자, 계속 풀어보죠. 그 뒤로 비슷한 상황이 오면 또 실수할까 봐 많이 불안했을 거예요. 공이 오면 걱정하고 위축되고, 자신감이 떨어지고.. 그런 내 모습을 생각하며 EFT 해보죠."

손날 타점

"나는 공이 오면 또 실수할까 봐 불안하고 두려웠지만, 그런 나를 마음속 깊이 이해하고 받아들이고 사랑한다."

"나는 또 찬스를 놓치면 어떡하나 걱정하고 불안해하며 축구를 했지만, 그 마음을 이제는 온전히 마주하고 받아들인다."

"불안한 마음을 참고 억누르며 운동하느라 너무 힘들고 괴로웠지만, 이제는 그 불안의 존재를 온전히 인정하고 받아들인다. 나 자신을 진심으로 이해하고 위로한다."

얼굴 타점

"또 그때처럼 실수할까 봐 항상 걱정하고 불안했다. 나에게 공이 올 때마다, 찬스가 생길 때마다 놓치면 절대 안 된다는 생각에 두렵고 초조했다. 또 어이없는 실수를 해서 창피당하면 어떡하나, 사람들이 나를 욕하고 비난하면 어떡하나, 스카우터들이 안 좋게 보면 어떡하나 온갖 생각과 걱정에 사로잡혔다. 이제 그 모든 것을 온전히 인정하고 받아들인다. 마음속 불안과 두려움을 마주하고 느끼고 내려놓는다. 나 자신을 진심으로 위로하고 사랑한다."

진수 : "그때의 나를 진심으로 위로해주니까 모습이 편안하게 바뀌는 것 같아요. 마음이 비워지네요."

김 코치 : "내가 그토록 피하고 싶었던 기억과 감정을 온전히 마주하고 느껴주

세요. 회피하고 억누르면 나를 계속 따라다니지만, 받아들이면 사라집니다. 그 기억속에 괴로워하는 나를 진심으로 사랑해주세요. 그리고 내가 원하는 모습을 생생하게 그려보는 겁니다."

 이렇게 진수는 실수하며 불안해했던 여러 기억을 하나씩 내려놓았고, 점차 마음이 편안해지면서 다시 예전 실력을 발휘할 수 있게 되었다. 무엇보다 실수해도 다시 마음을 회복할 수 있는 방법을 터득한 것이 진수에겐 가장 큰 수확이었다. 억눌린 감정이 사라지면 마음은 비워진다. 무심한 상태에선 내가 가장 이상적으로 생각하는 플레이가 자연스럽게 나오기 마련이다. EFT 기법을 활용해 마음에 요동치는 생각과 감정을 하나씩 비워나가 보자.

수비수의 실책 트라우마

스카우터의 시선이 너무 의식돼요.

대학 팀에서 맏형이자 주장을 맡고 있는 명수(가명, 센터백)는 시합에서 자신의 실수로 상대 공격수에게 골을 허용하는 일이 반복되었다. 빌드업 과정에서 어이없이 미끄러지기도 하고, 헛발질을 하면서 상대 팀에게 좋은 찬스를 허용하는 등 어이없는 실수를 하는 경우가 많아졌다. 연습 때는 잘 되다가도 시합에서 상대의 공격을 막을 때면 몸이 경직되고 불안해진다. 그러다보니 주장으로서 제 역할을 못하는 것에 대한 죄책감과 압박으로 심한 스트레스를 받고 있다.

김 코치 : "가장 기억에 남는 실수의 순간을 말해줄래요?"

명수 : "정말 중요한 경기에서 제 수비 실수로 골을 먹혔어요. 이기고 있었는데 저 때문에 흐름이 깨지고 결국 지게 되었습니다. 정말 속상하고 힘들었어요."

김 코치 : "그때의 내 모습 생생하죠? 표정은 어때 보여요?"

명수 : "후.. 우울하고 속상해 보여요. 실수가 반복될까 봐 긴장하고 불안해하고.. 보고 있으니 안쓰럽습니다."

김 코치 : "자, 그런 나 자신을 위로한다고 생각하며 EFT를 해보죠."

손날 타점

"나는 당시 실수했을 때 너무 속상하고 우울했지만, 그런 나 자신을 진심으로 위로하고 받아들인다."

"나는 당시 내 실수로 골을 먹히고 팀이 졌을 때 너무 속상하고 괴로웠지만, 그런 나 자신을 진심으로 위로하고 받아들인다."

"나는 또 실수가 반복되지 않을까 너무 불안하고 긴장했지만, 아직도 그 마음이 생생하지만, 이런 나를 마음속 깊이 이해하고 받아들이고 사랑한다."

얼굴 타점

"당시 내 실수로 골을 먹혔을 때 너무 속상하고 우울했다. 나 때문에 우리 팀이 졌을 때 너무 미안하고 죄책감이 들었다. 또 그 실수를 하지 않을까 너무 긴장하고 불안해하면서 뛰었다. 그때만 생각하면 내가 너무 불쌍하고 안쓰러워 보이지만, 이제 그런 나를 진심으로 위로하고 사랑한다."

김 코치 : "심호흡 크게 하면서 당시의 감정을 온전히 느끼고 받아들여 봐요."

명수 : "후.. 힘들어했던 나를 안아주니까 편안한 이미지로 바뀌네요."

김 코치 : "다른 기억으로 한 번 가보죠. 무엇이 가장 두려웠어요?
명수 : "스카우터 분들이 많이 지켜보는 경기에서 주장인 제가 계속 실수하고 못하니까 너무 속상하고 좌절했어요. 이전 경기까지 잘해왔는데.. 하필 그날 큰 실수를 해서 경기를 뛰는 내내 눈치 보며 불안했습니다."
김 코치 : "자, 당시의 내 모습을 생각하며 가볍게 타점을 두드려보죠, 한 번 따라 해봐요."

손날 타점

"나는 스카우터분들이 내가 실수하는 모습을 보고 나를 어떻게 평가할까 두렵고 불안했지만, 그런 나를 마음속 깊이 이해하고 받아들인다."

"나는 하필 그날 실수를 하며 내 실력을 발휘하지 못해 너무 속상하고 좌절했지만, 그런 나를 마음속 깊이 이해하고 받아들인다."

"나는 경기를 뛰는 내내 스카우터분들이 나를 어떻게 생각할까, 안 좋게 평가하진 않을까 두렵고 불안한 마음이 가득했지만, 그런 나를 마음속 깊이 진심으로 위로하고 사랑한다."

얼굴 타점, 나 자신을 위로하며

"많이 속상했지? 하필 스카우터분들이 많이 오는 날 큰 실수를 하고, 실력을 제대로 뽐내지 못해서 얼마나 답답하고 좌절했니? 사람들이 너를 안 좋게 평가할까 봐 얼마나 가슴 졸이며 경기를 뛰어야만 했니? 그래. 그때 네가 느꼈던 속상하고 불안한 마음을 직면하고 받아들이자. 괜찮아. 이젠 회피하지 않아도 돼. 충분히 느끼고 내려놓자."

김 코치 : "당시 불안하고 초조했던 감정들을 온전히 직면하고 느껴보세요. 그

리고 나 자신을 진심으로 위로해주는 겁니다."

명수 : "긴장하고 불안했던 느낌이 풀어지는 것 같아요. 편안합니다."

  이렇게 명수는 스카우터들에게 느꼈던 불안한 감정들을 내려놓았고, 매일 밤 30분씩 EFT와 명상을 하며 마음에 억압된 감정을 계속 풀어냈다. 그렇게 명수의 마음은 점차 편안해졌고, 다시 예전의 모습으로 축구를 할 수 있게 되었다. 명수처럼 졸업을 앞둔 선수들은 스카우터들의 시선을 많이 의식하고 불안해한다. 이와 관련된 기억이 나의 멘탈을 방해하고 있다면, 위의 과정을 참고해 하나씩 풀어보자.

여기서 잠깐! 트라우마(외상, trauma)란?

트라우마(trauma)는 '외상'을 뜻하는 말로 그리스어 어원은 '상처'이다. 심리적인 측면에서 보면 장기적인 정신장애를 일으키는 정신적 충격을 뜻한다. 트라우마는 전쟁, 살인, 강간 등 개인의 생존에 큰 영향을 주는 사건뿐만 아니라 개인의 자신감, 자존감을 잃게 만드는 작은 경험들도 포함된다. 오직 프로선수만을 꿈꾸며 열심히 달려온 학생 선수들에게 중요한 무대에서의 실패 경험은 큰 상처가 된다. 거기에는 그간 노력의 좌절, 수치심, 분노, 두려움, 진로의 막막함 등 온갖 감정이 복합적으로 맞물려 있기 때문이다. 또한, 선수들은 유소년 시절부터 심한 폭력과 폭언, 비난, 혹사, 부상, 수술 등 어린 나이에는 감당하기 힘든 경험을 참고 버틴다.

트라우마 기억이 활성화될 때는 당시의 생생한 이미지와 감정을 동반하기 때문에 마치 그 일을 현재에 겪고 있는 것처럼 느낀다. 또한, 뇌에서 말하기를 담당하는 브로카 영역(Broca's area)의 활성이 순간적으로 크게 감소해 그 당시의 기분을 말로 표현할 수 없을 때가 있다.[*] 그럴 때는 말로 조목조목 표현하며 EFT를 하는 것보다, 그저 머릿속에 그려지는 이미지와 나 자신을 온전히 위로하는 마음으로 타점을 두드려도 된다. EFT가 잘 되었다면 당시 강렬했던 감정은 사그라들고 이미지는 평화롭게 바뀐다. 혹 트라우마(심한 폭력, 폭언 등)가 심해 당시 순간을 마주하는 게 힘들다면, 혼자 해결하려고 하지 말고 전문 상담사를 찾아갈 것을 권한다.

---

[*] Bessel van der Kolk, The Body Keeps the Score: Brain, Mind, and Body in the Healing of Trauma, Penguin Books, 2014

골키퍼의 실책 트라우마

골 먹힐 때마다 분하고 수치스러운 마음을 참을 수 없어요.

프로 유스팀의 상민(가명, 고3)은 빼어난 실력으로 팀의 주전 골키퍼를 맡고 있다. 많은 대회에서 슈퍼세이브를 선보이며 스카우터들의 관심도 높다. 하지만 K리그 U-18 유스 챔피언십에서 조별리그 경기부터 실수를 하며 마음에 불안이 조금씩 쌓이기 시작했다. 수비수가 백패스 한 공을 제대로 처리하지 못하기도 하고, 쉽게 막을 수 있는 슈팅도 어이없게 실점을 허용하기도 했다. 세트피스 상황에서도 자신감이 떨어져 상대 공격수들과의 몸싸움에 밀리는 경우도 많아졌다.

상민 : "한두 번 실수하고 자신감이 떨어지면서 악순환이 되는 것 같아요. 공이 오지 않는데도 불안하고 초조합니다."

김 코치 : "그와 관련해 기억에 남는 순간이 있으면 말해줄래요?"

상민 : "스카우터분들이 많이 오는 대회에서 정말 어이없는 실수를 했을 때가 기억에 남아요. 정말 속상하고 부끄럽고.. 한 번도 하지 않았던 실수를 큰 대회에서 하니까 스스로에게 너무 화가 났어요."

김 코치 : "자, 그 모습을 떠올려보세요. 그때 느꼈던 마음을 억누르지 말고 온전히 직면해보죠. 따라 해봐요."

손날 타점

"나는 어이없는 실수를 했을 때만 떠올리면 너무 속상하고 부끄러웠지만, 그때 느꼈던 마음을 진심으로 인정하고 이해하고 받아들인다."

"나는 한 번도 하지 않았던 실수를 중요한 대회에서 해버려서 너무 열받고 화가 났지만, 이 마음을 온전히 직면하고 인정하고 받아들인다."

"하필 스카우터가 많이 보는 대회에서 그런 실수를 하니 너무 속상하고 수치스러웠지만, 화가 나서 도저히 받아들일 수 없었지만, 이제는 마음속 깊이 이해하고 받아들이고 사랑한다."

얼굴 타점

"한 번도 해보지 않은 실수를 큰 대회에서, 그것도 스카우터들이 관심있게 지켜보는 곳에서 하면서 너무 속상하고 화가 났다. 어이없게 공을 놓치고 골이 들어갔을 때 정말 부끄럽고 숨고 싶었다. 또 실수하지 않을까 너무 불안하고 초조했다. 그때의 기억이 아직도 마음속에 생생하지만, 이런 나를 마음속 깊이 이해하고 받아들인다. 그때 느꼈던 감정을 온전히 인정하고 내려놓는다."

김 코치 : "심호흡 크게 하면서.. 부끄러워하는 나 자신을 진심으로 이해하고 위로해주세요."

상민 : "부끄러웠던 당시의 감정을 직면하고 인정해주니까 편안해지긴 하는데.. 아직도 좀 못 받아들이는 것 같아요."

김 코치 : "마음에 어떤 감정들이 남아있을까요? 혹시 이전에 비슷했던 경험이 있으면 말해줄래요?"

상민 : "분노가 많은 것 같습니다, 저는 예전부터 골을 허용하면 화를 잘 참지 못했어요. 하지 말아야할 실수를 하거나 공격수에게 농락당하면서 골을 먹히면 정말 죽고 싶을 만큼 괴로웠습니다."

김 코치 : "그렇게 괴로워하는 내 모습 생각나죠? 언때 보여요?"

상민 : "골 먹힌 걸 잊지 못하고.. 경기 끝나고 아무 말도 안 하고.. 수치스럽고 분한 마음을 삭이면서 참고 있는 모습이에요."

김 코치 : "자, 그런 내 모습을 보면 답답하기도 하지만, 한편으론 안쓰럽고 짠한 마음도 들거예요."

상민 : "맞아요. 안쓰럽습니다. 지나간 일이니 떨쳐버리고 다음 플레이에 집중하면 되는데.. 그게 잘 안됩니다."

김 코치 : "그런 나에게 다가가서 진심으로 위로해주죠. 얼굴 타점만 두드리며 따라 해봐요."

얼굴 타점, 나를 위로하며

"많이 힘들었지? 마음속에서 끓어오르는 분노와 수치심을 삭이고 억누른다고 얼마나 괴로웠니? 얼마나 답답했어? 골 먹힌 사실을 도저히 받아들일 수 없어서 정말 힘들었겠구나. 수치스럽고 분한 감정을 항상 억누르고 살았는데, 그럴수록 더욱 괴로웠을거야. 이제는 온전히 인정하고 받아들이자. 부정하고 억압

했던 마음들을 이제는 마주하고 느껴고 흘려보내자."

김 코치 : "억눌러왔던 감정들을 온전히 느끼고 받아들여 봐요. 마주하고 인정해주면 사라집니다."
상민 : "후.. 억누르고 참으며 훈련하던 저에게 다가가서 위로해주니까 힘이 쭉 빠지네요. 표정도 밝아지고요. 마음이 한결 편안합니다."
김 코치 : "이제 과거 일은 마음에 잡아두지 말고 흘려보내세요. 감정을 억누르고 삭이면서 축구하면 오래 못 버텨요. 중간중간 EFT 기법으로 풀어주면서 무심한 마음으로 하는 겁니다. 그럼 자연스레 기량은 잘 발휘될 거예요."

이렇게 상민이는 마음속에 억눌러왔던 분노와 수치스러운 마음을 하나씩 비워나갔고, 훨씬 편안한 마음으로 실수를 대할 수 있게 되었다. 마음속에서 들끓는 감정을 부정하고 억압하면 터지기 마련이다. 나를 괴롭히는 감정을 하나씩 마주하고 그 존재를 인정해주자. 최고의 기량은 받아들임에서 비롯된다.

축구 유학 생활의 좌절과 상처

"2년 전 외국 클럽의 입단제의로 홀로 외국 생활을 시작하게 되었습니다. 말도 제대로 통하지 않는 곳에서 인종차별도 많이 받았어요. 조금씩 적응해가고 있지만, 부상이나 슬럼프가 올 때 불안과 외로움 때문에 버티는 게 너무 힘드네요."

"큰 꿈을 안고 시작한 외국 생활이 결국 실패로 끝났을 때 너무 힘들고 막막했습니다. 동료들은 1부리그나 다른 유명 클럽으로 이적도 하는데 저만 짐을 싸고 돌아왔어야 했어요. 동양인을 차별하는 팀에서 더이상 버티기도 힘들고 가족도 너무 보고 싶었습니다. 어린 나이에 매일 밤 창밖을 보며 눈물을 훔쳤던 순간들이 참 아픈 기억으로 남아있어요."

"외국 구단에 입단해서 주전으로 뛰게 해주겠다는 에이전트의 말을 믿고 대학 입학을 취소하고 무작정 비행기에 몸을 실었습니다. 근데 와서 생활해보니 에이전트가 약속한 부분의 상당수가 거짓말이었어요. 어학원도 제대로 보내주지 않고, 여기저기 테스트비 명목으로 수 백만원 씩 요구하며 제 실력과 어울리지 않는 팀에서 계속 뛰게 되었습니다. 나중에 알고 보니 에이전트는 소속 선수가 유명해지는 것을 바라지도 않고, 그저 자신들에게 매달 돈을 갖다 바치기만을 바라더라고요. 모든 것이 사기라는 것을 깨달았을 때, 정말 힘들고 막막했습니다. 여기서 계속 버텨야 하나, 한국으로 돌아가야 하나.. 돌아가면 어떤 팀에서 뛰어야 하나.. 결국 귀국하여 K3 팀에 입단해서 열심히 노력하고 있지만, 지난날의 상처가 저에겐 아직도 크게 남아있습니다. 분하고 억울한 마음 때문에 감정 조절이 안 될 때가 많아요."

많은 유망주들이 여러 나라로 축구 유학의 길을 떠난다. 2002년 월드컵 이후 정부와 협회의 지원을 받으며 유학을 통해 성공한 선수들도 있지만, 대다수가 귀국하거나 외국 하부리그 팀을 전전하며 힘든 시기를 보낸다. 충분한 실력을 지녔지만, 에이전트에게 사기를 맞거나 비자 등의 문제로 팀을 찾지 못해 재능을 낭비하는 경우도 많다. 그 과정에서 선수는 불안과 외로움으로 하루하루 힘든 나날을 보낸다. 혹 이런 문제로 마음에 상처가 남아있는 선수라면, 다음의 EFT 문장을 참고해 하나씩 비워나가보자.

손날 타점
"나는 말도 제대로 통하지 않는 낯선 곳에서 하루하루 불안과 외로움을 참으며 운동했지만, 이런 나 자신을 진심으로 위로하고 사랑한다."
"나는 온갖 수모와 역경을 겪으며 홀로 유학생활을 버텨야했지만, 아무도 도와주지 않는 곳에서 너무 힘들고 외로웠지만, 이런 나 자신을 진심으로 위로하고 사랑한다."

"나는 내가 과연 성공할 수 있을까, 시련을 버티며 헤쳐나갈 수 있을까 걱정되고 두렵고 막막한 마음으로 하루하루를 버텼지만, 매일 포기하고 싶은 마음에 너무 힘들었지만, 이런 나 자신을 진심으로 이해하고 받아들이고 사랑한다."

얼굴 타점

"말도 제대로 통하지 않는 곳에서 하루하루 너무 힘들고 외로웠다. 온갖 차별과 수모를 겪으며 유학 생활을 버티는 게 지치고 막막했다. 내가 과연 잘 할 수 있을까, 살아남을 수 있을까 걱정되고 두려운 마음에 잠도 제대로 자지 못했다. 하루하루 포기하고 싶은 마음을 붙잡고 악착같이 버티며 운동했지만 성공의 길은 멀고도 험난했다. 그 과정에서 상처받고 버려진 나를 이제는 진심으로 위로하고 사랑한다. 외롭고 불안했을 내 마음을 이제 온전히 치유하고 정화한다."

"슬럼프나 부상이 올 때마다 불안과 두려움이 몰려왔다. 동료들에게 뒤처지면 어떡하나, 방출되면 어떡하나, 오랫동안 꿈꿔온 목표가 무너지면 어떡하나 너무 걱정되고 두려웠다. 그런 마음을 공유할 사람도 하나 없이 혼자 헤쳐나가는 게 너무 외롭고 고독했지만, 그런 나를 이제는 진심으로 위로하고 받아들이고 사랑한다. 힘들었던 모든 감정을 마주하고 받아들이고 내려놓는다."

얼굴 타점, 나를 위로하며

"많이 두렵고 불안했지? 그 많은 시련을 혼자서 헤쳐나가면서 얼마나 외로웠니? 힘든 마음을 공유할 친구도, 가족도 없어서 얼마나 고독했을까. 아직도 그곳에서 버려진 채 힘들어하고 있구나. 나 자신조차도 너를 버려두고 살아서 미안해. 얼마나 사랑받고 싶었니? 이제 절대 외면하지 않을게. 옆에 항상 있을게. 사랑한다."

실습하기 마음에 응어리진 기억과 감정을 적고, EFT로 하나씩 풀어보자.

- [ ] _____
- [ ] _____
- [ ] _____
- [ ] _____
- [ ] _____
- [ ] _____
- [ ] _____
- [ ] _____
- [ ] _____
- [ ] _____
- [ ] _____
- [ ] _____
- [ ] _____
- [ ] _____

3

마음의 기본기 키우기

마음이 실력을 따라가지 못할 때
진짜 부족한 건 '마음의 기본기'

실수에 대한 수치심 내려놓기

다 오픈하고 보여주자.

"실수하면 절대 안 돼요."

"어떻게든 실수하지 않으려 안간힘을 써요. 근데 그럴수록 조금이라도 실수가 나오면 도저히 받아들일 수 없어서 멘탈이 무너지더라고요."

"우리나라 학생 선수들을 보면 실수만 하지 말자고 소극적으로 플레이하는 모습이 가장 안타까워. 실력을 키워야하는데.. 실수하면 혼나고 욕먹는 거만 생각하다보니 가면 갈수록 창의력이 사라져."

많은 선수가 실수를 수치스럽게 생각하고 숨기려고만 한다. 실수는 잘못되었고, 보여주지 말아야 할 것으로 생각하기 때문이다. 어린시절부터 실수하면 크게 혼나고 얼차려를 받으면서 실수하지 않는 법을 연습한다. 하지만 좋은 선수가 되려면 실수를 안하는 것이 아니라, 실수에 무심해지는 연습을 해야 한다.

"실수해도 된다. 흘려넘기자. 다 오픈하고 보여주자. 실수는 성공을 위한 시행착오일 뿐이다."

실수를 줄이는 방법은 내가 생각하는 실수의 기준을 없애는 것이다. 골대를 크게 벗어나는 슈팅, 패스미스, 수비 실책, 그로 인한 사람들의 비난 등 그 모든 것이 실력을 쌓기 위한 시행착오라는 것을 명심하자. 실수를 숨기고 억누르며 멘탈이 자주 무너지는 선수라면, 다음의 EFT를 통해 실수에 대한 생각을 바꿔보자.

손날 타점

"나는 실수하면 안 된다는 생각에 항상 실수를 숨기고 보여주지 않으려 집착하지만, 이런 나 자신을 진심으로 이해하고 받아들인다."

"나는 어릴 때부터 실수하면 안 된다는 생각이 깊게 박혀 있지만, 그래서 실수할 때마다 부끄럽고 수치스러운 마음이 들지만, 이런 나 자신을 진심으로 이해하고 사랑한다."

"나는 실수를 안 하려고 할수록 실수가 나올 때마다 멘탈이 크게 흔들리지만, 이런 나 자신을 진심으로 위로하고 사랑한다."

얼굴 타점

"실수하면 안 된다. 실수하는 모습을 보여주면 안 된다. 그런 나 자신이 너무 수치스럽고 분하다. 그래서 어떻게든 실수를 보여주지 않으려 한다. 하지만, 그럴수록 실수 하나에 멘탈이 더 크게 흔들린다. 어릴 때부터 실수하면 크게 혼나고 수치스러움을 느껴야 했다. 그래서 실수가 너무 부끄럽고 절대 하면 안될 것 같은 강박이 생겼다. 하지만 이제 이런 나 자신을 진심으로 이해하고 받아들인다. 실수로 일어나는 모든 생각과 감정을 맞닥뜨린다. 온전히 마주하고 느끼고 놓아준다."

자기 암시

"실수를 다 오픈하고 보여주자. 드러내놓자. 실수하는 모습을 보여줘도 된다. 욕먹고 비난 받아도 된다. 그래도 나는 안전하다. 어차피 사람들에게 다 들켰다. 숨겨봤자 더 큰 트라우마를 만들 뿐이다. 실수는 성공을 향한 시행착오일 뿐이다. 멀리보자. 실수할수록 나는 더욱 발전한다. 실수를 통해 나는 더욱 성장한다."

축구가 내 마음대로 되지 않아서 너무 화가 나요

"제 기량을 보여주지 못하면 너무 분하고 억울합니다. 제 자신에게 너무 화가나요."

"팀 분위기상 화도 제대로 못 내고 억누르며 운동하다 보니 감정이 엉뚱한 곳에서 터집니다. 집 가면 부모님께 짜증만 내고, 분노 조절이 잘 안 돼서 너무 힘들어요."

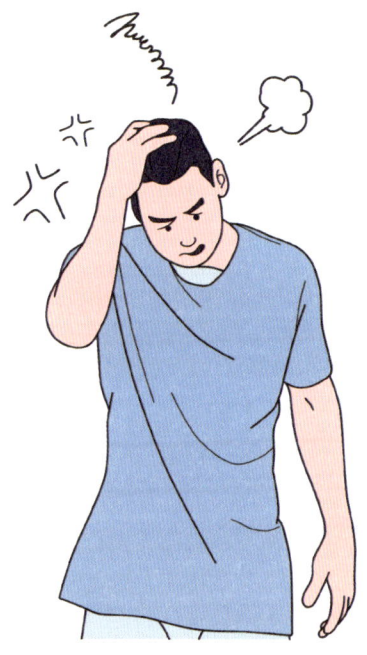

선수들이 가장 힘들어하는 것 중 하나가 바로 자신의 기량을 제대로 발휘하지 못할 때의 분노와 답답함이다. 감정을 제때 풀어내지 못하면 엉뚱한 곳에서 터진다. 이번 장에서는 운동이 내 마음대로 되지 않아 마음에 쌓였던 스트레스를 EFT로 하나씩 풀어보자.

손날 타점

"나는 축구가 마음대로 되지 않아서 너무 답답하고 화가 나지만, 이 분한 마음을 온전히 인정하고 이해하고 받아들인다."

"나는 그때 왜 그랬을까, 왜 못했을까, 왜 실수했을까.. 아직도 그때만 생각하면 너무 분하고 답답하지만, 나 자신을 도저히 용서할 수 없지만, 이런 나를 마음속 깊이 진심으로 이해하고 사랑한다."

"나는 기량을 제대로 발휘하지 못해서 너무 짜증나고 화가 나지만, 감정을 제대로 분출할 곳도 없어 답답해 미쳐버릴 것 같지만, 이런 나를 이제는 마음속 깊이 진심으로 이해하고 받아들이고 사랑한다."

얼굴 타점

"플레이가 내 맘대로 되지 않아서 너무 화가 난다. 그때 왜 못했을까, 왜 실수했을까, 왜 해내지 못했을까.. 도저히 그 상황을 받아들일 수 없다. 너무 분하고 답답하다. 이런 마음을 제대로 풀 곳도 없다. 참고 살자니 답답해 미쳐버릴 것 같다. 엉뚱한 곳에서 터진다. 마음을 컨트롤 하기가 어렵다. 시간이 갈수록 쌓이는 분노 때문에 너무 힘들고 괴롭지만, 이런 나를 이제는 마음속 깊이 이해하고 받아들인다. 끓어오르는 분노를 온전히 인정하고 내려놓는다."

"마음속 응어리진 분노와 짜증, 답답함, 수치심 등 모든 감정을 온전히 허용하고 느끼고 받아들이자. 용서하고 내려놓자. 감정에 휩싸여 힘들어하는 나를 진심으로 위로하고 사랑한다."

"축구가 마음대로 안 돼서 얼마나 짜증 나고 화가 나니? 내 기량을 보여주지 못해서 얼마나 분하고 억울하니? 이런 마음을 제대로 풀지도 못하고 억지로 참고 산다고 얼마나 괴롭니? 아무도 너를 공감해주지 않아 얼마나 외로웠을까. 이제 괜찮아. 내가 옆에 있을게. 다 용서하고 내려놓자. 사랑한다."

자기 암시

"화를 낸다고 상황이 좋아지는 것도 아니다. 이미 일어난 일은 그저 인정하고 받아들이자."

"분노는 나를 더욱 망칠 뿐이다. 나 자신을 위해 용서하고 내려놓는다."

"화가 난다고 아무 곳에서, 아무한테나 화를 낼 순 없는 노릇이다. 억지로 참을 수밖에 없는 나를 온전히 이해하고 위로한다."

"분출하지 못한 분노는 집에 와서 EFT로 다 풀자."

"나는 분노와 답답한 감정을 잘 처리하고 조절한다."

공만 잡으면 조급해져요

공만 잡으면 조급해지는 선수들이 있다. 수비수가 붙으면 급하게 슛을 때리거나, 공을 제대로 처리해야 한다는 압박감에 공간을 활용하지 못한다. 이런 선수들에게 아무리 여유를 가지라고 말한들, 마음에 불안한 감정이 해결되지 않으면 계속 조급해하기 마련이다.

"저 녀석은 상대 수비수만 붙으면 마음이 급해져요. 여유있게 처리할 수 있는 상황인데도 슛만 때리기 급급하네요. 여유좀 가지라고 백번 말해도 도무지 알아듣질 않아요. 혼내는 것도 한계가 있지.."
"시합 때 보여줘야 줘야한다는 생각에 마음만 앞서는 경우가 많아요. 제 페이스대로 해도 되는데 계속 조급해지니 실수가 잦습니다."
"코치님은 여유를 가지고 공을 키핑하라는데, 그게 말처럼 쉽게 되질 않아요. 공만 잡으면 저도 모르게 조급하고 초조해집니다. 제가 빌드업을 끊어먹는 경우도 많고.. 저도 답답해 미칠 것 같아요."

조급함을 느끼는 데는 여러 이유가 있을테지만, 이번 장에서는 습관적으로 조급하게 행동했던 기억들을 내려놔보자. 우선, 경기에서 공을 잡고 있는 내 모습을 한 번 떠올려보자.

초조하고, 조급하고, 불안해하는 모습.. 여러 모습이 있을 것이다. 그런 나를 가만히 바라보자. 그리고 내 안에 요동치는 감정을 EFT로 하나씩 느끼며 내려놔보자.

손날 타점

"나는 공만 잡으면 조급하고 초조한 마음이 들지만, 이런 나를 마음속 깊이 이해하고 사랑한다."

"나는 보여줘야한다는 생각에 마음만 앞서고 슛때리기에만 급급하지만, 그래서 실수가 자주 나오지만, 이런 나 자신을 진심으로 이해하고 사랑한다."

"스스로 여유를 가지자고 아무리 말해도 나도 모르게 조급해지지만, 이런 나 자신이 너무 답답하지만, 이런 나를 마음속 깊이 인정하고 받아들이고 내려놓는다."

얼굴 타점

"공만 잡으면 급해진다. 보여줘야 한다는 생각에 마음만 앞서고 실수가 자주 나온다. 차분하게 해도 되는데, 나모 모르게 급해지고 초조해진다. 여유있게 하자고 아무리 다짐해도 몸은 내 말을 듣지 않는다. 이런 나 자신에게 너무 화가나고 답답하기도 하지만, 이런 나를 이제는 온전히 인정하고 받아들이고 사랑한다."

"조급한 마음을 온전히 인정하고 받아들인다. 이런 나를 부정하고 억누르며 운동했지만, 그런 나 자신을 있는 그대로 인정한다. 조급한 마음에 플레이를 망치는 순간이 많았지만, 이제는 온전히 받아들이고 내려놓는다. 그리고 천천히 바꿔나간다. 내 페이스대로 해도 괜찮다. 차분하고 여유있는 플레이에서 나만의 스타일이 만들어진다. 나를 믿고 나아가자."

주변 사람들의 기대와 압박감

보여줘야 한다는 강박

한때 유망주였던 선수들이 시간이 갈수록 힘든 시기를 겪는 이유가 무엇일까. '기본기 부족' '긴 훈련시간' '혹사' 등의 다양한 이유가 있다. 하지만 상담하면서 본 선수들의 마음은 주변 추측과 다른 경우도 많았다. '혹사' 외에도 다른 근본적인 이유가 있다. 주변의 기대와 관심, 그리고 칭찬이다. 칭찬은 고래도 춤추게 한다지만, 과도하고 잘못된 방향의 칭찬은 자칫 어린 선수들을 유망주 틀에 가두어 버린다.

"어릴 때부터 주변의 많은 관심과 칭찬을 받다 보니 평소에도 제 행동 하나하나가 다 관찰되고 있는 것처럼 느껴져요. 사람들의 기대를 만족시켜야 한다는 강박 때문에 못할 때마다 너무 스트레스를 받습니다."

"오랫동안 저를 칭찬하고 관심 있게 봐주셨던 스카우터 분에게 '너 왜 이렇게 되었니?'라는 말을 들었을 때, 제 모든 것이 무너져 내리는 충격이었습니다. 저는 이제 가치가 없다는 생각이 들어 너무 좌절했어요."

"어릴 때부터 '잘하는' '타고난' '재능 있는' '천재' 같은 수식어를 매일 듣고 자랐습니다. 당시에는 그런 칭찬이 당연하게 느껴졌어요. 그런데 점점 커가면서 그런 말들이 줄어들었고, 이제는 아무도 관심을 안 가져 준다는 사실을 도저히 받아들일 수 없었습니다. 부족한 점을 발전시키는 것보다는 잘하는 모습만 보여주면서 다시 예전의 칭찬을 받았던 나로 돌아가려고 집착했어요. 저에겐 무릎 통증보다 과거의 인정받았던 나로 돌아가는 것이 훨씬 중요했습니다."

세계적인 동기 연구가인 스탠포드대 심리학과 캐럴 드웩(Carol Dweck) 교수는 '능력'과 '결과' 위주로 과도한 칭찬을 받고 자란 아이들은 난관에 부딪혔을 때 쉽게 포기하는 경향이 있다고 한다. 타고난 재능은 바꿀 수 없고, 결과를 내지 못할 때 자신이 유능하지 않다고 생각하기 때문이다. 실제 이런 칭찬의 늪에 빠진 아이들은 보여주기식 운동만 하는 경우가 많다. 사람들을 기쁘게 해서 좋은 결과를 내야만 자신이 가치 있다고 느낀다. 그러다 자신을 향한 관심이 사라지면 자존심은 무너지고 자존감은 바닥을 친다. 예전 잘했던 모습을 되찾으려 발버둥치지만, 그럴수록 더 큰 좌절과 슬럼프에 빠지곤 한다. 좋은 소리만 듣고 자란 선수가 사람들의 외면을 감당할 능력이 없는 것은 어쩌면 당연한 일일지도 모른다. 이런 문제로 힘들어하는 선수가 있다면, 아래의 문장을 활용해 각자의 상황에 맞게 EFT를 해보자.

- 나에 대한 사람들의 관심이 부담스러울 때

손날 타점

"나는 나를 향한 사람들의 관심과 기대가 너무 부담스럽지만, 이런 나를 마음속 깊이 이해하고 받아들인다."

"나는 사람들의 기대를 충족시켜야 한다는 강박에 너무 힘들고 괴롭지만, 이런 나를 온전히 이해하고 받아들이고 사랑한다."

"나는 조금만 못해도 사람들을 실망시켰다는 생각에 너무 스트레스를 받지만, 이런 나를 이제는 마음속 깊이 이해하고 받아들이고 사랑한다."

얼굴 타점

"나를 향한 사람들의 기대와 관심이 너무 부담스럽다. 항상 잘하는 모습을 보여줘야 하고, 사람들을 기쁘게 해야 한다. 사람들의 기대를 저버리면 안 된다. 그래서 조금만 실수하거나 성적이 좋지 못하면 너무 스트레스를 받는다. 혹 사람들이 나를 안 좋아하지 않을까, 비난하지 않을까, 실망하지 않을까 너무 걱정되고 두렵지만, 이런 나를 온전히 이해하고 받아들인다."

"내가 느끼는 이 부담과 압박감을 이제는 온전히 마주하고 받아들이자. 그리고 천천히 내려놓자. 이런 나 자신을 진심으로 응원하고 사랑한다."

● 나를 향한 기대가 사라지는 것을 받아들일 수 없을 때

손날 타점

"나는 나를 향한 사람들의 관심이 사라져 가는 걸 도저히 받아들일 수 없지만, 이런 나를 마음속 깊이 이해하고 사랑한다."

"나는 사람들이 나에게 기대조차 안 할 때 세상이 무너져 내린 것처럼 힘들고 괴롭지만, 이런 나를 마음속 깊이 이해하고 받아들이고 사랑한다."

"나는 더이상 스카우터의 관심을 받을 만큼 가치 있는 선수가 아니라는 생각에 너무 상처받고 좌절하지만, 이런 나를 마음속 깊이 진심으로 사랑한다."

얼굴 타점

"사람들의 기대가 너무 부담스럽고 힘들었다. 그런데 막상 그런 관심이 사라지니 공허하고 힘들다. 내가 더이상 가치 있는 선수가 아니라는 생각에 좌절을 느낀다. 너 왜 이렇게 됐냐고, 왜 지금은 못하냐고, 무슨 일이 있었냐고 묻는 사람들의 질문에 너무 상처를 받는다. 자존심이 무너진다. 자존감이 떨어진다. 너무 괴롭고 힘들다. 잘하는 친구들에 비해 너무 초라해진다. 하지만 이런 나를 이제는 온전히 이해하고 받아들인다. 실망과 좌절의 느낌을 억압하지 않고 온전히 허용하고 느끼고 마주한다. 그리고 흘려보낸다. 상처받고 힘들어하는 나를 진심으로 위로하고 사랑한다."

- 사람들을 기쁘게 해야 한다는 강박, 인정받고자 하는 집착

손날 타점

"나는 다시 많은 관심을 받는 유망주 시절로 돌아가고 싶다는 생각에 집착하지만, 이 생각을 억누르지 않고 온전히 받아들이고 내려놓는다. 이런 나를 마음속 깊이 이해하고 받아들인다."

"나는 예전의 나로 돌아가야 한다는 강박에 잘하는 모습만 보여주고자 집착하지만, 이 마음을 온전히 인정하고 이해한다. 이런 나 자신을 진심으로 이해하고 받아들이고 사랑한다."

"나는 무너진 자존심을 어떻게든 다시 회복하고 싶은 마음에 항상 집착하고 조급해하지만, 이제는 이런 나를 마음속 깊이 이해하고 받아들이고 사랑한다."

얼굴 타점

"다시 예전 상태로 돌아가야 한다. 사람들에게 관심받고 인정받고 칭찬받아야 한다. 실수하면 안 된다. 잘하는 모습만 보여줘야 한다. 사람들을 기쁘게 해야 한다. 무너진 자존심을 다시 회복해야 한다. 아파도 참고해야 한다. 예전으로 돌아갈 수만 있다면 무엇이든 하고 싶다. 다시 사람들에게 인정과 사랑을 받을 수 있다면 몸이 망가져도 참고해야 한다. 나는 이런 집착과 강박 때문에 너무 힘들고 괴롭지만, 이런 나를 마음속 깊이 이해하고 받아들이고 사랑한다."

얼굴 타점, 나를 위로하며

"많이 힘들지? 사람들의 기대와 관심이 부담스럽다가도, 사라지니 얼마나 공허하고 외롭니? 얼마나 초라해지고 자존심 상하니? 다시 예전으로 돌아가고 싶어서 얼마나 조급하니.. 항상 사람들을 기쁘게 해야 한다고 집착하며 운동하고

있었구나. 이제 그러지 않아도 돼. 괜찮아. 다 내려놓자. 내가 옆에 있을 게. 나 자신조차도 너를 외면하고 살아서 미안해. 정말 사랑한다."

자기 암시

"나를 힘들게 했던 생각과 감정을 이제는 온전히 인정하고 받아들이자. 억누르고 회피하지 않고 온전히 직면하고 내려놓자. 사람들에게 인정받고 싶은 마음, 기쁘게 해야 한다는 강박을 이제는 받아들이고 내려놓자. 과거는 과거로 내버려 두자. 지금의 나를 있는 그대로 사랑한다. 인정과 사랑은 외부가 아닌 나로부터 나온다. 내가 나를 인정하고 사랑한다. 오직 나를 위해서 나아가자."

미움받을 용기

착한 아이 콤플렉스

아무리 노력해도 안 되는 것이 있다. 바로 모든 사람에게 사랑받는 일이다. 남에게 피해 끼치는 것을 극도로 두려워하는 선수들이 많다. 소위 '착한 아이 콤플렉스(Good boy syndrome) 성향의 선수들이 그렇다. 실제 상담에서도 불안을 많이 느끼는 선수들이 이런 성향을 많이 가지고 있었다. 이들은 겉으로 착하고 긍정적인 것처럼 보이지만, 내면에 온갖 두려움과 죄책감을 숨긴 채 운동을 한다.

"안 좋은 소리 듣지 않으려면 모든 면에서 완벽해야 해요. 그래서 항상 불안합니다."

"선배들에게 패스를 정확하게 해야 해요. 조금이라도 빗나가거나 실수하면 마음이 너무 불편해서 어쩔 줄 모르겠습니다."

"실수하거나 득점기회를 못 살리면 사람들 반응을 살피고.. 끝나고 죄송하다고 계속 사과하고.. 그렇게 항상 눈치 보면서 운동해요."

"남한테 피해 끼치는 게 너무 싫어서 힘들더라도 꾹 참고해요. 부탁을 거절하거나 내 주장을 말하면 상대방이 싫어할 것 같아요."

"사람들이 쳐다보면 공을 잘 못 차겠어요. 나를 안 좋게 생각하지 않을까, 욕먹을까 두렵네요."

메시, 호날두, 류현진, 커쇼, 타이거 우즈, 르브론 제임스.. 시대를 대표하는 각 분야 최고의 선수들이지만, 이들도 제 기량을 발휘하지 못하는 날이면 온갖 비난과 야유를 받는다. 명예의 전당 입성이 확실시되는 클레이튼 커쇼(LA 다저스)는 패전투수가 되는 날이면 클럽하우스는 그의 청문회가 된다. 골프 황제 타이거 우즈는 한때 미국인이 가장 싫어하는 스포츠 스타 2위에 올랐고(비록 그의 사생활 문제도 있었지만), 월드컵 징크스가 있는 메시는 국가 대항전이 열릴 때마다 자국 팬들의 비난에 못 이겨 한때 국가대표를 은퇴하기도 했다. 15세 때 일본 여자 선수로는 처음으로 스키 월드컵대회에서 우승해 스타 반열에 오른 다카나시 사라(Takanashi Sara)는 단순히 얼굴이 예뻐졌다는 이유로 온갖 비방에 시달렸다. 유명 선수들뿐만이 아니다. 우리나라 몇몇 커뮤니티 사이트에 가보면 프로선수뿐만 아니라 대학, 고교 선수들까지 팬들의 실시간 평가를 받는다. 그날 경기 결과에 따라 특급 유망주가 되기도, 온갖 힘담을 듣기도 한다. 내가 어떤 행동을 하던 세상 사람들은 각자의 관점에서 나를 비판하기 마련이다. 그 기준을 모두 만족시키는 것은 불가능하다. 이와 관련해 서울대학교 정신건강의학과 윤대현 교수는 다음과 같이 말한다.

"내가 아무리 모든 사람한테 사랑받기 위해 노력해봐야 10명 중 2명은 나를 싫어하고, 7명은 관심도 없고, 1명은 나를 좋아해요. 반대로 사람들의 눈치를 보지 않고 내가 하고 싶은 대로 행동했을 때에도 똑같이 2명은 싫어하고, 7명은 관심도 없고, 1명은 그런 나를 좋아해요. 미움받을 용기는 특별한 게 아니에요. 이 세상에 나를 미워하는 사람이 최소 20%가 있다는 걸 인정하는 거예요. 이 사실을 인정하고 받아들이면 세상 사는 게 훨씬 편해집니다."[*]

이것이 세상의 진실이자 이치다. 부처님, 예수님도 당시 자신을 싫어하는 사람들에 의해 큰 곤욕을 치렀다. 욕먹지 않는 유일한 길은 운동을 그만두는 것이다. 그러니 사람들의 미움을 견딜만한 맷집을 키우자. 어떠한 상황에서도 세간의 평가에 휘둘리지 않고 내 길을 묵묵히 걸어가자. 이것이 성공을 위해 가장 필요한 자질이다. 사람들의 비난이 두려워 운동이 힘들게 느껴진다면, 매일 3번 이상 다음 문장을 읽으며 EFT 해보자.

손날 타점

"나는 사람들에게 욕먹을까 봐 항상 두렵고 걱정되지만, 이런 나를 마음속 깊이 이해하고 받아들인다."

"나는 사람들이 나를 안 좋게 생각하면 안 된다는 생각에 항상 눈치 보고 불안해하지만, 이런 나를 마음속 깊이 이해하고 사랑한다."

"나는 모든 사람의 인정과 사랑을 받아야 하지만, 한 명이라도 나를 싫어하면 도저히 참을 수가 없지만, 이런 나를 마음속 깊이 이해하고 받아들이고 사랑한다."

---

[*] 유튜브 채널 '세바시 인생질문' [성장문답], 미움받을 용기 없는 당신이 반드시 들어야 할 답변, 2015. 4. 16.

얼굴 타점

"실수하면 안 된다. 완벽하지 않으면 안 된다. 욕먹으면 안 된다. 비난받으면 안 된다. 미움받으면 안 된다. 무시당하면 안 된다. 한 명이라도 나를 싫어하면 안 된다.. 온통 안 된다는 생각에 항상 불안하고 초조하다. 실수라도 해서 욕먹으면 세상이 끝난 것처럼 두렵고 좌절한다. 사람들의 기대를 다 맞추려니 도무지 끝이 없고 힘들지만, 이런 나를 온전히 이해하고 받아들이고 내려놓는다."

"욕먹어서 사람들에게 인정받지 못하면 내 가치가 사라질 것 같아 두렵다. 사람들의 관심에서 멀어지면 어떡하나, 나를 사랑해주지 않으면 어떡하나, 그래서 버려지고 외면당하면 어떡하나 너무 걱정된다. 모든 사람들에게 사랑받고 싶은 이 마음을 이제는 온전히 이해하고 받아들이고 내려놓는다."

자기 암시

"생각해보니 나는 왜 이렇게 욕먹는 걸 두려워하면서 살까. 왜 항상 눈치 보고 숨을까. 초등학교 때부터 무수히 욕먹으며 운동했는데, 욕 한 번 더 먹는다고 뭐가 달라지나, 사람들에게 미움 좀 받는다고 인생에 큰 문제가 생기는 것도 아닌데 왜 항상 도망 다닐까. 메시도 호날두도 한 번 못하면 사람들이 물고 뜯는데, 내가 뭐 잃을 게 있다고 욕 안 먹으려고 발버둥 칠까. 사람들 반응은 내가 어떻게 할 수 없는 것인데, 어떻게 할 수 없는 일을 바꾸려 안간힘 쓰지 말자. 매일 눈치 보고 운동하는 것도 이제 너무 지치고 힘들다. 도망 다니며 운동하는 것도 더이상 못하겠다. 욕 많이 먹으면 오래 산다는 데 차라리 실컷 욕먹고 오래 살고 오래 축구 하자. 나 하나 뻔뻔해진다고 피해 볼 사람도 없다. 내 축구는 내가 책임진다. 눈치 보지 말고 당당하게 내 플레이하자."

억지로 문제점을 찾을 때

결점은 내가 그것을 부끄러워할 때 생긴다.

"시합에서 실수를 한 번 할 때마다 잠도 못 잘 만큼 스트레스 많이 받았어요. 뭐가 문제일까, 연습이 부족했나, 기술이 이상한가.. 지금 생각해보면 그저 넘길 수 있는 일도 그 원인을 억지로 찾았던 게 실패의 원인이었습니다."

"주변 동료가 저보다 잘하는 모습을 조금도 용납할 수 없었어요. 어떻게든 뒤지지 않으려 훈련 방법을 이리저리 수정하고 자주 바꾸다 보니 어느새 저만의 색깔이 사라졌습니다. 잘하고 있었는데.. 저만의 장점을 유지하면서 제 페이스로 갔으면 됐었는데.. 스스로를 믿지 못하니 중심이 무너지더라고요."

"실수할 때마다 자기 말을 안 들어서 그렇다고 잔소리하시는 코치님, 조금만 성적을 못 내면 기술부터 뜯어고치려는 감독님.. 어떻게든 해결책을 찾으려는 아빠.. 운동하다 보면 잘 안될 때도 있는데 주변에서 저를 가만두지 않아요. 그냥 좀 내버려 두면 안 될까요?"

실수는 그저 실수로 내버려 두는 게 좋다. 문제가 있으면 무심하게 바꿔나가면 된다. 억지로 문제를 찾고 고치는 과정에서 자신의 장점마저 잃어버리면 안 된다. 자신을 믿지 못해 주변 상황에 쉽게 휘둘린다면. 각자의 상황에 맞게 EFT를 해보자.

손날 타점

"나는 운동이 조금이라도 안되면 억지로 문제점을 찾으려 집착하지만, 이런 나를 마음속 깊이 이해하고 받아들인다."

"나는 한 번의 실수도 용납하기 싫어서 어떻게든 원인을 찾으려 애쓰지만, 그럴수록 내 마음대로 안 풀려서 너무 답답하지만, 이런 나를 진심으로 이해하고 받아들이고 사랑한다."

"나는 남들에게 뒤처지지 않으려 억지로 문제를 찾고 바꾸려 노력하지만, 그럴수록 나만의 색깔과 장점이 사라져서 답답하지만, 이런 나를 마음속 깊이 이해하고 받아들이고 사랑한다."

얼굴 타점

"실수 하나 할 때마다 어떻게든 원인을 찾으려 했다. 조금만 성적을 못 내면, 조금이라도 실수를 하면 문제를 찾으려 발버둥 쳤다. 연습과 노력이 부족해서일까, 기술이 나빠서일까, 주변의 충고를 안 들어서일까.. 실수하는 나 자신을 도저히 용납할 수 없어서 어떻게든 원인을 찾고 고치려 애를 썼다. 하지만 그럴수록 장점까지 사라져서 너무 답답하고 화가 났다. 이제 이런 나 자신을 마음속 깊이 이해하고 받아들이고 사랑한다."

"시간이 지나고 되돌아보니 나는 나 자신을 믿지 못해서 문제를 억지로 만들고 있었다. 잘하고 있는데도 항상 주변과 비교하고 스스로를 비난했다. 빨리 성공해 남들에게 인정받고 싶어서 기다리지 못했다. 이제는 이런 나를 마음속 깊이 이해하고 받아들인다. 실수 한 번 해도 그저 내버려 두자. 문제가 있으면 하나씩 바꿔나가자. 결점은 내가 그것을 부끄러워할 때 생긴다. 그저 흘려보내고 때를 기다리자."

내가 통제할 수 있는 것 vs 통제할 수 없는 것

시합에서 결과를 책임지는 건 결국 선수의 몫이지만, 그 과정에서는 선수가 통제할 수 있는 것과 그럴 수 없는 부분이 있다. 우리는 스스로 어찌할 수 없는 부분에 너무 많은 시간과 에너지를 소모한다. 이미 지나간 과거를 후회하고, 아직 일어나지 않은 미래를 두려워한다. 사람들의 반응을 바꾸려 애쓰고, 동료들의 실수를 비난하면서 온갖 감정을 쏟아붓는다. 그러다 내가 바꿀 수 있는 부분까지 소홀하게 되어 현재 상태가 더욱 나빠지기도 한다.

내가 어찌할 수 없는 것 : 이미 일어난 실수/부상, 지난날의 과오, 아직 일어나지 않은 미래, 다른 사람들의 생각, 나에 대한 사람들의 평가, 내 발을 떠난 공, 수비수의 반응, 동료들의 실수, 상대 팀에게 좋은 운, 심판 판정, 최선을 다한 뒤의 결과, 팀 본래의 색깔, 감독님의 성향/성격, 선발 라인업, 프로 지명, 동료들의 실력과 연봉, 코로나 같은 재해, 날씨, 시합 일정 등.

내가 어찌할 수 있는 것 : 실수/부상에 대한 나의 마음, 피드백, 잘못에 대한 책임감, 사람들의 평가에 대한 나의 반응, 나에 대한 믿음, 현재 최선의 노력, 훈련 방법, 교정, 끈기, 노력, 꾸준함, 기본기, 체력, 몸의 협응력, 밸런스, 부상 예방 트레이닝, 식단, 컨디션 관리, 루틴, 데이터/이론 공부, 독서, 마음 챙김, 감정 컨트롤, 이미지 트레이닝 등.

상대방의 반응을 바꾸고 상황을 통제하려는 것보다, 내 마음을 바꾸는 게 더 쉽고 빠르다. 이제 내가 어찌할 수 없는 일은 그저 놓아주자. EFT를 통해 집착을 내려놓고 내 몸과 무의식에 온전히 맡기자. 그리고 내가 바꾸고 통제할 수 있는 부분에 더 많은 에너지를 쏟자.

손날 타점

"나는 내가 어찌할 수 없는 부분에 너무 많은 에너지를 쓰고 있지만, 이런 나를 마음속 깊이 이해하고 받아들인다."

"나는 내가 어찌할 수 없는 일인 줄 알면서도 어떻게든 바꾸려 안간힘을 쓰지만, 이런 나를 이제는 온전히 이해하고 내려놓는다."

"나는 내가 어찌할 수 없는 일에 많은 스트레스 받으며 내가 노력해서 바꿀 수 있는 일까지 망치고 있지만, 이런 나를 이제는 마음속 깊이 이해하고 받아들인다. 그리고 이제 내가 통제할 수 있는 부분에만 집중할 것을 선택한다."

얼굴 타점

"나는 내가 어찌할 수 없는 것들을 바꾸려 안간힘을 쓴다. 내가 도저히 통제할 수 없는 일인데도 안 된다고 화내고 좌절하고 힘들어한다. 이미 지나간 일을 후회하고, 일어나지도 않은 일을 걱정하고, 사람들 생각을 내 입맛에 맞추려 하고, 동료들을 질투하면서 많은 에너지를 소모한다. 그러다 내가 노력해서 바꿀 수 있는 일까지 미루고 좌절하고 힘들어한다. 이제는 이런 나를 온전히 받아들이고 내려놓는다. 힘들고 지친 나를 진심으로 위로하고 사랑한다."

자기 암시

"내가 어찌할 수 없는 것들은 그저 내버려 두고 살자. 바꿀 수 없는 일에 집착하는 것도 이제는 너무 지치고 힘들다. 내가 바꿀 수 있는 것에만 집중하자. 나는 바꿀 수 없는 일과 바꿀 수 있는 일을 잘 구별한다. 어쩔 수 없는 것들은 미련 없이 내려놓는다. 그 일이 아무리 심각해 보여도 때가 되면 다 사라진다. 내 앞에 놓인 길만 묵묵히 간다. 당장 결과가 나오지 않아도 기다린다. 기회가 올 때까지 나만의 장점을 잘 가꾸어 나간다. 때가 되면 기회는 반드시 온다. 묵묵히 한 걸음씩 나아가자."

실습하기 나의 부족한 멘탈 부분을 살펴보고 하나씩 바꿔 나가자.

- [ ]
- [ ]
- [ ]
- [ ]
- [ ]
- [ ]
- [ ]
- [ ]
- [ ]
- [ ]
- [ ]
- [ ]
- [ ]
- [ ]

징크스를 없애고 싶어요(루틴 vs 징크스)

"그물에 걸리지 않는 바람처럼 어떠한 상황도 다 흘려보내자"

루틴은 일정하게 반복적으로 하는 행동을 뜻한다. 많은 스포츠 선수가 최상의 감각과 심리적 안정을 위해 자신만의 루틴을 가지고 시합에 임한다. 루틴을 잘 활용하면 좋은 결과로 이어지지만, 불안한 감정을 억지로 덮기 위한 루틴은 자칫 자신을 옭아매는 징크스가 되어버린다. 세계적으로 유명한 선수들의 징크스를 한 번 살펴보자.

토트넘 홋스퍼의 델레 알리(Dele Alli)는 아직도 11살 때부터 사용하던 무릎보호대를 착용한다. 그는 한동안 그 보호대를 잃어버렸을 때 불안해 어쩔 줄 몰랐다고 한다. 맨체스터 유나이티드에서 뛰었던 안데르 에레라(Ander Herrera) 역시 비슷한 이유로 8살 때부터 사용했던 어린이용 정강이 보호대를 찬다. 성인이 된 지금 어린이용 보호대는 부상의 위험을 키울 수 있지만, 심리적으로 안정된 느낌을 가지는 것이 그들에게는 더욱 중요하기 때문이다.

첼시의 전설적인 선수 존 테리(John Terry)는 현역시절 50여 가지의 징크스를 달고 살았다고 한다. 시합장을 갈 때는 구단 버스의 같은 좌석에만 앉아야 했고, 특정 가수의 노래만 들었다. 홈경기가 있을 때는 집에서 경기장까지의 가로등 숫자를 모두 세어야 했고, 화장실에서는 특정 소변기만을 사용했다. 그는 팀원들의 사기를 끌어올리는 주장이었지만, 자신이 과거 경기에서 승리했을 때와 조금이라도 다른 행동을 하면 불안해서 어쩔 줄 몰랐다고 한다. 또한, 스페인의 수문장이었던 페페 레이나(Pepe Reina)는 경기 전날 꼭 치즈와 와인을 마셔야 했고, 경기 전 반드시 자신의 승용차에 기름을 가득 채워야만 심리적으로 안정감이 든다고 했다. 그는 경기장에 가면 기름을 채울 주유소부터 찾았다고 한다. 잉글랜드 축구 스타 데이비드 베컴(David Beckham)은 경기 전 모든 물건을 일직선으로, 그리고 짝수로 배치해야 하는 강박증을 가지고 있었다. 또한, 리버풀에서 맹활약했던 데이비드 제임스(David Benjamin James)는 경기 전날부터 아무에게도 말을 걸지 않았으며, 화장실에 사람이 없을 때까지 기다렸다가 사용했다. 그는 벽에 침을 뱉는 등 다소 기이한 행동까지 하며 자신의 불안을 달랬다고 밝혔다.

만약 이들이 경기 전에 돌발상황이 생겨 자신의 징크스를 지키지 못하면 어떻게 될까? 경기 내내 찝찝한 기분에 예민해지고, 동료들과 불필요한 갈등까지 생길 수 있다. 프로 선수들뿐만 아니라 학생 선수들 또한 크고 작은 징크스로 강박을 가지고 있는 경우가 많은데, 경기력에 방해를 받을 만큼 큰 스트레스를 받고 있다면 내려놓는 것이 좋다. 그물에 걸리지 않는 바람처럼 마음속에 잡아두고 있는 징크스들을 하나씩 내려놔보자. 경기력을 끌어올릴 수 있는 최소한의 루틴만 남겨두고, 어떠한 돌방상황도 무심하게 흘려보내는 연습을 하자.

- 경기 때마다 나를 찝찝하게 만들었던 징크스가 무엇인지 살펴보자. 그리고 그것이 생기게 되었던 관련 기억을 살펴보자.

예시)

징크스 : 나는 경기 전에 누군가 말을 걸어오거나 대화를 하면 경기를 망친다.
관련된 기억/감정 : 예전 동료와 수다를 떨고 경기장에 들어갔는데, 실수를 많이 한 기억이 있다. 이후로 시합 날에 누군가 말만 걸어와도 실수를 할 것 같은 불안함에 예민해진다.

징크스 : 경기 시작 전에 흰색 라인을 밟으면 부상을 당한다.

관련된 기억/감정 : 평소 길에서도 선을 밟지 않는 편인데, 경기 시작 전 흰색 라인을 밟을 때마다 부상을 당했다. 재활을 하면서 흰색 라인을 밟아서 다쳤다는 생각을 자주 했다. 선을 밟으면 나쁜 일이 생길 것 같은 불길한 예감이 자주 든다.

● 징크스와 관련된 기억/감정을 EFT로 내려놔보자.

손날 타점

"나는 그 행동 때문에 그날 경기를 망쳤다고 생각하지만, 이런 나 자신을 온전히 이해하고 받아들인다."

"나는 그 행동을 하면 또 경기를 망칠 것 같은 불안함이 몰려오지만, 그 불안을 온전히 직면하고 마주하고 받아들인다."

"나는 그 행동을 하지 않기 위해(혹은 해야만 했기에) 항상 집착하고 예민한 상태로 경기를 준비해야 했지만, 이런 나 자신을 진심으로 이해하고 받아들이고 사랑한다."

얼굴 타점

"나는 그 행동 때문에 그날 경기를 망쳤다. 그 행동을 하면(혹은 하지 않으면) 또 경기를 망칠 것 같은 불안함이 몰려온다. 나는 그 행동을 해야만(혹은 하지 않아야만) 마음이 편하고 안정된다. 징크스를 지키지 않으면 불안해서 안절부절못한다. 혹 경기를 망치지 않을까, 실수하지 않을까, 부상당하지 않을까 걱정되고 두렵다. 이 불안한 마음 때문에 너무 예민하고 짜증이 나지만, 이런 나 자신을 진심으로 이해하고 받아들인다. 징크스에 대한 불안한 마음을 직면하고 마주하고 느낀다. 그리고 온전히 내려놓는다."

자기 암시

"나는 징크스가 그저 내 마음이 만들어낸 허상에 불과하다는 것을 알고 있다."

"내가 실수하는 이유는 징크스 때문이 아니라 경기의 일부이자 자연스러운 과정이다."

"언제 어디서든지 일어날 수 있는 일에 내 마음속 불안과 연관짓는 일은 중단한다. 쓸데없는 의미부여는 이제 그만 내려놓는다."

"징크스에 상관없이 그 일은 일어난다. 어차피 일어날 일이라면, 그저 무심하게 맞닥뜨리고 받아들이자."

"그물에 걸리지 않는 바람처럼 어떠한 상황도, 장애물도 나를 가두지 못한다. 마음에 잡아두고 있는 모든 징크스를 이제는 온전히 흘려보낸다."

여기서 잠깐! 중독과 나쁜 습관을 줄이자.

　심리적인 문제는 과거 부정적 기억과 감정뿐만 아니라 잘못된 생활습관으로 시작되는 경우도 많다. 선수들에게 부정적인 영향을 미치는 습관들을 한 번 살펴보자.

　먼저 과도한 SNS(소셜네트워크 서비스) 사용이다. 2018년 영국 국립보건의료서비스(NHS)는 19세 이하 9천여 명을 대상으로 한 조사에서 정신질환 증세가 있는 청소년의 경우 87.5%가 매일 SNS를 사용했고, 그중 30% 정도는 매일 4시간 이상의 SNS를 한다고 대답했다. NHS는 심리적인 문제를 앓는 청소년들이 과도한 SNS 활동으로 인해 항상 남과 비교하고, 다른 사람의 호응(좋아요, 댓글 등)에 따라 기분이 쉽게 좌우된다고 분석했다. 또한, 미국 피츠버그 의과대학 연구팀은 19~32세 사이 미국 성인남녀 1,700여 명을 대상으로 한 조사에서 자기 전에 소셜미디어를 자주 사용할수록 수면 장애 발생률이 1.6배 이상 큰 것으로 나타났다. 특히, 친구들의 새로운 소식을 확인하기 위해 자주 SNS를 체크하며 감정 소모를 많이 할수록 수면의 질이 크게 떨어지는 것으로 확인되었다.*

　물론 건전한 방식의 소통창구로 SNS를 이용하면 긍정적인 효과를 볼 수 있다. 하지만 아직 청소년들에겐 그 반대의 경우가 더 많아 보인다. SNS를 자주 확인할수록 주변 사람들의 인정과 평판에 더욱 예민해지고, 이는 곧 성격의 일부가 되어 필드에서도 부정적인 영향을 끼칠 수 있다. 우리는 한 번에 수천, 수만 명에 가까운 사람들의 평가를 받도록 진화하지 않았다. SNS 중독으로 인해 사람들의 인정에 집착하고 상대적 박탈감을 자주 느낀다면, 그 빈도를 줄일 필

---

* Jessica C.Levenson,. et al., (2017), Social Media Use Before Bed and Sleep Disturbance Among Young Adults in the United States: A Nationally Representative Study, University of Pittsburgh.

요가 있다.

다음으로는 술, 담배이다. 특히 담배를 잘 끊지 못하는 이유 중 하나가 스트레스를 담배로 푸는 습관 때문인데, EFT로 그날의 스트레스를 풀면 담배에 대한 집착이 사라진다. 또한, 손이 심심할 때마다 "나는 손이 심심해서 담배를 찾게 되지만.."으로 수용 확언을 만들어 EFT를 하면 심심한 느낌을 줄일 수 있다. 담배 대신 따뜻한 차를 마신다든지, 주먹을 세게 10번 쥐었다 펴는 등의 습관으로 흡연횟수를 줄여가다 보면 중독에서 벗어날 수 있다. 마찬가지로 자극적인 영상(음란물, 폭력 등)이나 게임, 도박 등 무기력하고 패배감을 주는 습관들도 하나씩 줄이며 긍정적 감정을 느끼는 환경을 만들어가는 것이 좋다.

실습하기 내려놓고 싶은 징크스나 습관을 적고, 하나씩 바꿔나가자.

- [ ] _____
- [ ] _____
- [ ] _____
- [ ] _____
- [ ] _____
- [ ] _____
- [ ] _____
- [ ] _____
- [ ] _____
- [ ] _____
- [ ] _____
- [ ] _____
- [ ] _____
- [ ] _____

어린 시절의 상처

과거 상처받은 내면 아이가 사람들이 겪는 불행의 가장 큰 원인이다.

— 존 브래드 쇼 (John Bradshaw, '상처받은 내면아이 치유' 저자) —

지금까지는 운동을 하면서 생기는 여러 부정적 기억과 감정에 대해 다뤘다. 하지만 더 중요하게 치유되어야 할 것이 있다. 바로 어린 시절 상처와 그로 인한 애정결핍의 문제들이다. 필자는 상담하면서 선수들이 가지고 있는 고질적인 멘탈 문제의 뿌리가 어린 시절에 형성되는 경우를 자주 접한다. 혹 이에 대해 누군가는 "굳이 어린 시절 기억까지 건드려야 해요?"라고 반문할 수 있다. 맞는 말이다. 부모님의 충분한 사랑을 받고 자라서 어린 시절의 상처가 없다면 이 장은 그냥 넘어가도 좋다. 하지만 어릴 때부터 사랑을 제대로 받지 못한 결핍과 상처가 현재에도 지속적으로 영향을 미치고 있다면, 이번 장을 통해 치유해볼 것을 권한다. 혹 아래와 같은 문제를 가지고 있다면, 자신의 어린 시절을 한 번 되돌아볼 필요가 있다.

- 작은 일에도 쉽게 상처받고 멘탈이 무너진다.
- 필요 이상으로 사람들의 눈치를 많이 본다. 인정, 칭찬에 대한 강박이 심하다.
- 수치심, 열등감, 분노, 외로움을 자주 느낀다.
- 과도한 걱정, 긴장, 불안을 자주 느낀다. 감정 조절이 어렵다.
- 무기력, 회피, 억압이 습관화되어있다.
- 인간관계 형성에 큰 어려움이 있다.

때로는 우리가 단순 슬럼프라고 생각하는 문제는 과거 어린 시절부터 억압되어온 감정이 수면 위로 드러나고 있다는 신호일 수 있다. 다음 사례들을 한 번 살펴보자.

재영(가명, 대학교 3)이는 팀의 미드필더로서 타고난 피지컬과 기술력으로 팀에서 중요한 역할을 맡고 있다. 하지만, 경기가 자기 마음대로 되지 않는 날이면 불같이 화를 내고 팀원들 탓을 많이 한다. 학교를 진학할 때마다 항상 코치, 감독님뿐만 아니라 동료들과도 자주 갈등을 겪는다. 선배들에게 대들기도 하고, 후

배를 괴롭히다가 징계를 받은 적도 많다. 자신도 이런 점을 고쳐야 한다는 것을 알면서도 막상 상황이 닥치면 감정 조절이 어렵다. 어렸을 때부터 재영이는 운동선수 출신인 아버지에게 맞거나 혼난 적이 많았다. 아버지는 회사에서 받은 스트레스를 가족들에게 푸는 경우가 많았고, 재영이가 보는 앞에서 어머니를 때리기도 했다. 집안은 항상 긴장과 불안의 연속이었고, 아버지의 고함소리에 잠에서 깨는 날이 많았다. 운동을 시작하고 재영이의 경기 성적은 곧 집안의 분위기와 직결되었다. 시합에서 못 하고 들어오는 날이면 아버지는 재영이에게 그 원인을 종이에 몇 번씩 쓰게 했다. 재영이는 자신의 경기 성적에 따라 아버지의 대우가 달라진다는 사실을 어릴 적부터 깨달았고, 잘하는 날과 못하는 날의 자존감 차이가 점점 더 심해졌다. 한 번도 제대로 된 공감을 받지 못한 재영이의 마음은 점점 분노와 외로움으로 가득 쌓여갔다.

 용민이는 같은 팀 동료들과의 관계에 어려움을 겪는다. 자신의 감정과 생각을 잘 표현하지 못해 대화에 잘 끼지 못한다. 초등학교 때 당한 왕따의 기억 때문에 친구들 사이에 있을 때도 항상 외로움을 느낀다. 처음 보는 사람들 앞에서 쉽게 긴장하고 주눅이 들고, 어떻게 친해져야 할지 모른다. 이런 성격은 축구에서도 무의식적으로 드러난다. 혼자 연습할 때는 공을 곧잘 차다가도, 사람들 앞에만 서면 제 실력을 발휘하지 못한다. 항상 긴장한 상태로 운동하고 주변 사람들의 눈치를 자주 본다. 또한, 거절을 잘 못 해서 누군가 운동을 간섭하고 방해해도 가만히 듣고 있는 경우가 많다. 용민이는 어렸을 때 부모님의 잦은 다툼으로 방안에서 혼자 두려움에 떤 적이 많았다. 용민이가 8살 때 부모님은 이혼하셨고, 엄마와 같이 살면서 엄마가 불안해하는 모습을 많이 봐왔다. 용민이는 그런 엄마의 감정을 그대로 내면화했다. 자신을 뒷바라지하며 힘들어하는 엄마의 모습을 보며 엄마를 지켜줘야 한다는 생각을 많이 하고 자랐다. 용민이는 감정을 항상 숨기고 억눌렀고, 시간이 지나면서 사람들에게 자기 생각을 어떻게 표현해야 할지 몰랐다.

두 선수가 겪는 문제의 근원은 어린 시절 가정에서부터 받은 상처이다. 충분한 사랑과 공감을 받고 자라야만 했던 시기에 그러지 못했던 결핍의 경험은 성격 형성에 큰 영향을 끼치고, 이는 운동에 무의식적으로 드러난다. 어린 시절 부모님과의 애착 관계에서 불안한 형태로 성장한 아이들은 그 결핍된 욕구를 주변 사람들에게 보상받으려 하거나 아예 억압하고 회피하는 등의 방어기제(defense mechanism)를 형성한다. 방어기제는 감정적인 상처로부터 자신을 보호하기 위해 형성하는 의식, 행동 등을 말한다. 양육자에게 충분한 사랑과 공감을 받지 못한 아이는 자신의 내면을 잘 들여다보지 못하고, 감정조절능력이 떨어진다. 또한, 그런 선수들은 몸의 감각과 통증의 신호도 잘 알아차리지 못하는 경향이 있다.

어린 시절 애착 형성 경험이 평생을 좌우할 수 있다는 '애착이론'을 정립한 존 볼비(John Bowlby, 1907~1990)는 아이는 영유아기 시절 엄마와의 상호작용을 통해 자기만의 '내적작동모델(internal working model)'을 형성한다고 한다. 이는 자신과 타인, 세상을 바라보는 일종의 필터인데, 성인이 된 이후에도 삶에 지대한 영향을 끼친다. '상처받은 내면 아이 치유'의 저자 존 브래드쇼(John Bradshaw) 또한, 감정이 억압된 상태로 자란 아이는 성인이 된 후에도 상처받은 모습이 내면에 계속 남아있게 된다고 말한다. 그는 이 상처받은 내면 아이가 사람들이 겪는 불행의 가장 큰 원인이라고 지적한다. 필자의 상담에서도 선수의 어린 시절 상처가 치유되면 현재의 고질적인 멘탈 문제들이 빠르게 사라지는 모습을 많이 본다. 더불어 상처에 가려 잠재되어 있던 능력이 드러나며 기술이 한층 성장하기도 한다.

그렇다면 앞선 두 선수의 사례를 바탕으로 독자 여러분의 어린시절 상처를 치유해보자. 우선 자신의 어린 시절 모습을 살펴보자. 정확한 기억이 아니어도 좋다. 살면서 자주 느꼈던 감정(두려움, 분노, 외로움, 수치심 등)을 생각하며 유년 시절로 되돌아가보자. 위에서 사례로 든 두 선수의 상처받은 내면 아이 모습은 다음과 같다.

재영 : '아버지의 심한 분노와 간섭으로 두려움에 떨고 있는 모습'
용민 : '힘들어하는 엄마의 모습을 보며 자신의 감정을 억누르고 버티는 모습'

눈을 감고 각자의 상황에 맞게 어린 시절의 내 모습을 천천히 떠올려보자. 여러 모습이 있을 수 있지만, 대체로 두렵고 외로운 마음에 움츠러든 아이의 모습을 볼 수 있다. 그 아이를 가만히 바라보자.

어떤 마음이 드는가? 안쓰럽고 불쌍해 보이지 않는가? 그렇다면 아이에게 조심스럽게 다가가 말을 걸어보자.

"많이 무섭고 두려웠지? 그동안 얼마나 외로웠니?"

아이가 어떻게 반응하는지 지켜보자. 계속 두려움에 떨고 있을 수도 있고, 울면서 나에게 안길 수도 있다. 혹 왜 이제야 자신을 찾아왔냐고 원망할 수도 있다. 다가가 꼭 안아주며 위로를 건네보자.

상처받은 어린 나에게 위로하는 말

"나는 오랫동안 너를 외면하고 살았어. 아직도 그 자리에서 상처받고 힘들어하고 있을 줄은 꿈에도 몰랐어. 이제야 너를 찾아와서 정말 미안해. 많이 기다렸겠구나.. 그동안 얼마나 외로웠니? 아빠가 소리 지르고 화낼 때마다 얼마나 무서웠니? 고함소리에 불안한 상태로 잠든다고 얼마나 괴로웠어? 세상 전부인 엄마 아빠가 싸우고 집안 물건을 부수는 데 정말 두려웠겠구나. 혹시나 부모님이 너를 버리면 어떡하나 많이 불안했지? 운동을 시작하고 한 번도 마음 편한 날이 없었을 거야. 시합에서 못하고 오는 날이면 험악한 집안 분위기에 항상 불안과 긴장의 연속이었겠구나. 한 번도 제대로 된 공감을 받지 못하고 자라서 얼마나 외롭고 쓸쓸했을까. 여태까지 버틴다고 많이 힘들었지? 나는 그것도 모르고 너를 항상 외면하고 살았어. 이제야 찾아와서 정말 미안해. 용서해주라. 이제는 절대 떠나지 않을게. 항상 옆에서 지켜줄게. 정말 사랑한다."

"부모님이 싸울 때마다 많이 불안했지? 제발 싸우지 말라고, 제발 나를 떠나지 말라고 얼마나 애원했어? 부모님이 이혼하시는 모습을 보면서 정말 상처를 많이 받았겠구나. 아무 힘도 없는 너에게는 큰 시련이었을 거야. 그 이후로 너에겐 엄마가 전부인데, 그런 엄마가 힘들어하는 모습을 볼 때마다 얼마나 불안하고 걱정했니? 그런데도 엄마를 지켜줘야 한다는 생각에 꾹 참고 버틴다고 정말 수고 많았어. 그동안 기댈 곳도 없이 얼마나 외로웠을까. 이제 힘들었던 마음 다

풀고 내려놓자. 그래도 괜찮아."

"나는 그동안 너를 마주하는 게 너무 힘들고 괴로웠어. 시간이 지나면 괜찮아질 줄 알았는데, 억지로 잊고 살면 네가 사라질 줄 알았는데 그게 아니었어. 되돌아보니 너는 그 자리에서 나에게 오랫동안 신호를 보내왔구나. 외롭다고, 불안하다고, 두렵다고, 힘들다고, 아프다고.. 나는 그것도 모르고 너를 항상 억누르고 회피하고 살았어. 정말 미안해. 앞으로는 네 곁을 절대 떠나지 않을게. 사랑한다. 정말 사랑한다."

어렸을 적 내가 하고 싶었던 말

"엄마, 아빠. 저는 그때 정말 힘들고 두려웠어요. 부모님의 감정을 감당하기에 저는 너무 어리고 나약했어요. 왜 그렇게 싸우셨어요? 왜 그렇게 소리를 지르며 저를 무섭게 대하셨어요? 저는 감당할 힘이 없어 그저 방안에서 떨어야만 했어요. 아무도 제 마음을 위로해주지 않았어요. 아직도 저는 그때의 부모님이 두렵고 무서워요. 시간이 지나도 그때만 생각하면 너무 힘들고 괴로워요. 왜 저를 이렇게 만드셨나요. 왜 다정하게 대해주지 않으셨어요? 제가 얼마나 힘들었는데.. 너무 화가 나고 원망스러워요."

"제가 원하는 건 대단한 게 아니었어요. 그저 저를 공감해주는 말 한마디면 됐었는데.. 그게 그렇게 힘들었어요? 괜찮냐고, 힘드냐고, 조금 쉬었다 가라고.. 왜 제 마음은 버려둔 채 본인 기분대로 저를 대하셨어요? 결과에만 집착하는 부모님 모습이 너무 미웠어요. 정말 힘들고 외로운데, 그 마음을 조금이라도 공감해줬으면 했는데.. 이제라도 공감해주세요. 정말 힘들었단 말이예요.. 네?"

각자의 상황에 맞게 상처받고 버려진 내면의 아이를 진심으로 위로하고 사랑해주자. 또한, 아이의 입장에서 부모님께 하고 싶었던 말을 속 시원하게 해보자. 타점을 두드리며 위로하면 더욱 효과가 좋다. 부모님에게 사랑을 제대로 받지 못했던 결핍의 상처가 나의 사랑으로 채워질 때, 깊은 치유가 일어난다. 두려움에 웅크리고 있던 아이는 점차 편안해지고, 오랜 기간 응어리진 감정은 풀리기 시작한다. 어린 시절 상처가 치유된 선수들은 운동장에서도 편안한 마음을 느낀다.

"부모님과 사이가 많이 좋아졌어요. 전에는 엄마가 무슨 말만 하면 짜증이 많이 났었는데, 요즘은 그냥 편안해요. 친구들과의 갈등도 줄어서 축구가 너무 재밌습니다."
"어린 시절 아버지에게 인정받지 못했던 결핍이 사라지니 마음이 훨씬 편해졌어요. 항상 사람들에게 사랑받아야 한다는 생각에 불안했는데.. 짜증의 빈도도 많이 줄고 한두 번 실수해도 이제는 그러려니 하고 넘어갑니다."
"어린 시절 부모님의 이혼으로 제대로 사랑받지 못하고 자란 나에게 다가가 진심으로 위로해줬어요. 어릴 적 아픔이 치유되니까 사람들에게 인정받고자 하는 강박이 많이 줄었습니다. 그러다 보니 시합에서 전보다 덜 떨려요."

운동선수로서 아무리 뛰어난 재능과 업적을 가져도 유년시절 사랑의 욕구가 제대로 채워지지 않으면 내면은 발달하지 않은 상태로 남아있게 된다. 어린 시절의 상처로 심리적인 문제를 앓고 있다면, 오랫동안 나를 기다리고 있을 내면 아이에게 다가가 진심으로 위로와 사랑을 전해보자.

여기서 잠깐! 감정의 전이와 투사

암세포가 전이(metastasis)되듯 우리의 감정도 전이(transference)된다. 이때는 시간과 대상을 넘나들며 이루어진다. 정신분석의 지평을 연 프로이트(S. Freud)는 내담자가 과거 중요했던 사람과의 관계에서 해결되지 못한(혹은 상처받은) 감정을 상담자에게 옮겨올 때 전이가 일어난다고 한다. 예를 들어 아동기 때 아버지의 사랑을 받지 못한 내담자가 상담자에게 아버지에 대한 감정을 느끼며 집착할 때 (부정적) 전이가 일어난다고 본다. 이 개념은 일상에서도 적용된다. 초등학교 시절 코치에게 폭력을 당하며 두려움에 떨었던 선수가 전혀 폭력적이지 않은 고등학교 코치에게 그와 비슷한 두려움을 느낄 때가 그렇다.

투사(projection)는 내 안에 해결되지 않은 갈등이나 감정의 원인을 다른 사람에게 돌리는 것을 말한다. 즉, 자신의 열등감이나 죄책감, 불안 등의 감정을 받아들이지 못하고 그 원인을 다른 사람의 탓으로 전가하는 행위이다. 예를 들어 선수의 부모님이 자신 안에 있는 조급함, 불안함을 선수의 노력 부족 탓으로 돌리며 책임을 전가할 때가 그렇다. 또한, 내가 나의 모습을 부끄럽게 생각하면서 사람들이 자신을 무시한다고 생각할 때도 투사가 일어난다고 볼 수 있다. 전이와 투사는 감정적 상처로부터 나 자신을 방어하려는 방어기제(defense mechanism)의 일종이다. 이런 방어기제들을 알아차리고 내려놓는 것이 마음치유에 있어 아주 중요한 과정이다.

실습하기 상처받은 어린 시절의 나에게 위로의 말을 전해보자.

끈기와 믿음

실패하지 않았다. 성공을 향한 과정일 뿐.

미국 펜실베이니아대학교의 심리학과 교수 앤젤라 더크워스(Angela L. Duckworth)는 성공한 사람들의 공통점을 알아보기 위해 다년간 연구에 돌입한다. 그녀는 미국 육군사관학교 사관생도, 전국 영어 말하기 대회 참가자, 문제아들이 많은 학교의 초임교사, 영업사원 등 각 분야에서 어떤 사람들이 끝까지 살아남으며 좋은 성과를 내는지 추적했다. 그 결과 성공의 요인은 지능이나 재능, 육체적 조건, 외모, 부유한 환경 등이 아닌 바로 끈기(Grit)라는 것을 밝혀냈다. 성공은 어떤 실패와 역경을 만나도 굴하지 않고, 끝까지 물고 늘어지는 근성에서 나온다는 것이다.*

그렇다면 끈기는 타고나는 것일까? 그렇지 않다. 끈기는 얼마든지 기를 수 있다. 이와 관련해 스탠퍼드대 심리학과 교수 캐롤 드웩(Carol dweck)의 연구를 한 번 살펴보자. 어느 날 그녀는 미국 시카고의 한 고등학교에서 졸업과정을 통과하지 못한 학생들이 'Fail(실패)' 대신 'Not yet(아직 아닌)'이 적힌 성적을 받는 것을 보고 깨달음을 얻는다. 'Fail'을 받은 학생들은 시험 결과가 실패로 끝났다는 생각에 좌절하고 자신을 깎아내리겠지만, 'Not yet'은 성공을 향한 과정에 있다는 인식을 주기 때문에 학생들이 더 끈기 있게 노력해 좋은 결과를 얻을 것이라는 생각에서였다.

---

* ted.com, 2013.04, 'Grit: the power of passion and perseverance'편 참조

이를 확인하기 위해 그녀는 워싱턴 대학교의 게임 과학자들과 협력하여 온라인 수학 게임을 만들었다. 일반적인 수학 게임이 정답을 맞혔을 때 보상을 주는 것과 달리, 그녀가 만든 게임에서는 문제를 푸는 과정에서 학생들의 계획, 노력, 향상에 따라 보상을 주도록 한 것이다. 캐롤은 이 게임에 참여한 학생들이 어려운 문제가 주어져도 더 많은 노력과 끈기를 보였고, 정답을 더욱 잘 도출해낸다는 것을 확인할 수 있었다. 자신이 '성공을 향한 과정에 있다'는 인식을 하는 것만으로도 아이들은 더욱 끈기를 가지고 노력했고, 향상된 결과를 보여준 것이다. 우리의 뇌는 어렵고 도전적인 상황에 계속 노출되면 뇌 안의 신경세포 간 새로운 연결고리들이 생기면서 더 똑똑해지는 신경가소성(Neuroplasticity)의 원리를 가지고 있다. 즉, 우리의 경험과 믿음이 신경계의 구조와 기능을 바꾸며 자신의 분야에 더욱 숙달되는 것이다. 재능도 멘탈도 꾸준한 노력만 있다면 충분히 바꿀 수 있다.

그렇다면 축구선수들의 이야기를 한 번 살펴보자. 세계적인 축구 스타 크리스티아누 호날두는 노력의 대명사이다. 경기장에 가장 먼저 도착하고, 늦게까지 훈련한다. 그의 화려한 겉모습 이면에는 어린 시절부터 끈질긴 노력이 뒷받침되었다. 그를 가까이서 지켜보는 선수들은 하나같이 그가 최고가 된 이유가 재능이 아닌 노력이라고 말한다. 훈련뿐만 아니라 식단도 엄격하게 지킨다. 최근 유럽 대항전 인터뷰 도중 테이블 위에 놓인 콜라대신 물을 마셔야 한다는 그의 모습에 30대 중반이 지난 지금까지도 철저한 자기관리 습관을 엿볼 수 있다. "근면과 노력이 없다면 재능은 쓸모없다"는 그의 말에 끈기가 얼마나 중요한지 알 수 있다.

어린 시절 특별한 재능을 찾아볼 수 없었던 박지성은 그저 평범한 선수에 지나지 않았다. 운동선수치고는 다소 왜소한 체격(고등학교 1학년 때 키가 165cm

였다.)에 축구선수에게 치명적인 단점인 평발을 가지고 있었다. 하지만 그를 세계적인 스타로 만들어낸 것은 바로 그의 성실함과 끈기였다. 어릴 때부터 훈련이 끝나고 잠들기 전까지 항상 훈련일지를 쓰며 자신을 성찰하고 긍정적인 다짐을 이어나갔다. 남들과 비교해 특출난 개인기나 득점력은 없었지만, 그는 경기장에서만큼은 누구보다 최선을 다했고 팀이 이기기 위해 자신이 할 수 있는 모든 것을 쏟아부었다. 그렇게 엄청난 활동량을 자신의 무기로 삼아 '산소 탱크'라는 별명과 함께 유럽 최고의 무대에서 종횡무진 활약할 수 있게 되었다.

이외에도 2002년 한일 월드컵 4강 주역인 故 유상철 선수는 왼쪽 눈이 실명된 상태에서도 남들보다 몇 배의 노력으로 한국 축구 최고의 전천후 멀티플레이어가 되었고, 김은중 선수 또한 중학교 때의 부상으로 한쪽 눈이 보이지 않는 상태에서도 K리그 MVP와 여러 우승 트로피를 들어 올리며 최고의 스트라이커가 되었다. 이들에게 신체적 장애는 걸림돌이 아닌 기회였던 것이다.

운동선수로서의 삶을 살다 보면 분명 버티기 힘든 시련이 온다. 어린 시절부터 강압적인 훈련과 경쟁의 압박감, 부상의 고통, 불확실한 미래, 실패의 상처 등. 그 과정에서 선수들은 요동치는 마음을 참고 견뎌야 한다. 프로지명이 되면 다 성공한 것처럼 보이지만, 큰 무대로 갈수록 성공의 여정은 더욱 험난하게 펼쳐진다.

"학생 때는 프로만 들어오면 끝일 줄 알았는데.. 후보 생활이 언제까지 이어질까 너무 답답합니다. 선발 출전의 막막함, 방출의 두려움, 매년 치고 올라오는 후배들, 잘나가는 동기들.. 초라하고 자존감이 떨어질 때가 많네요."

현재 상황이 힘들고 막막해도 멈출 순 없다. 성공을 향한 의도는 마음에 품고, 묵묵히 인내하며 나아가야 한다. 운이 좋아 잠깐 잘 될 수 있지만, 결국 성공은 성실과 근성으로 자신 안에 숨겨진 잠재력을 끌어내는 선수에게 오기 마련이다. 나 자신을 믿으며 그저 왔던 방향으로 한 걸음씩 나아가자. 때를 기다리며 나만의 칼을 갈며 인내하자. 힘든 마음이 들 때마다 EFT로 풀어내며 쉬었다 가자. 그 여정에서 나는 점점 더 단단하고 강해진다.

손날 타점

"나는 지금 처한 상황이 너무 힘들고 막막하지만, 이런 나를 마음속 깊이 이해하고 받아들이고 사랑한다."

"나는 지금 상황이 내 마음대로 풀리지 않아서 너무 답답하고 조급해지지만, 이런 나를 진심으로 이해하고 받아들이고 사랑한다."

"나는 내 앞에 놓인 시련과 어려움에 너무 힘들고 고통스럽지만, 그래서 이제 그만 포기하고 싶지만, 이런 나를 진심으로 이해하고 받아들이고 사랑한다."

얼굴 타점

"너무 힘들다. 길이 보이지 않는다. 막막하다. 포기하고 싶다. 내가 과연 잘하고 있는 걸까, 이 길이 맞는 것일까, 이겨낼 수 있을까, 성공할 수 있을까, 실패하면 앞으로 어떻게 살아갈까.. 의심과 걱정을 떨쳐낼 수 없다. 상황이 내 마음대로 풀리지 않아서 너무 힘들고 답답하지만, 그래서 회피하고 포기하고 싶지만, 이런 나를 마음속 깊이 이해하고 받아들이고 사랑한다."

"하지만 힘들다고 포기할 순 없다. 앞이 보이지 않는다고 왔던 길을 되돌아갈 수도 없다. 그렇다고 상황을 내 마음대로 바꿀 수도 없다. 실수했다고, 부상이 안 낫는다고, 팀이 마음에 들지 않는다고, 감독님이 싫다고, 동료들에게 스트레스 받는다고 모든 것을 내 입맛에 맞출 수 없는 노릇이다. 상황을 바꾸는 것보다 그저 내 마음을 바꾸는 것이 더 쉽고 빠르다. 온전히 마주하고 받아들이자. 힘든 마음은 EFT로 하나씩 풀어내자. 다 괜찮다."

얼굴 타점, 나를 위로하며

"많이 힘들고 지치지? 얼마나 두렵고 걱정되니? 안되면 어떡하나, 실패하면 어떡하나.. 아무도 도와주지 않는 곳에서 얼마나 외롭게 버티고 있니? 힘들면 쉬었다 가도 돼. 멈췄다 다시 가도 괜찮아. 어쨌든 가고 있으니 언젠가는 도착할 거야. 다시 힘내고 도전해보자."

자기 암시

"실패하지 않았다. 아직 되지 않았을 뿐. 될 때까지 도전한다."
"인내와 기다림 없이 성공한 위인은 없다. 묵묵히 인내하며 나아간다."
"성공으로 향하는 여정은 그 자체로도 큰 보상이다. 시련 속에 나는 점점 더 단단하고 강해진다."

"거세게 불던 바람도 때가 되면 잠잠해지고, 어두운 먹구름도 시간이 지나면 흩어져 사라진다. 때를 기다리자."

"모든 꽃이 봄의 한 날에 피지 않듯, 각자의 속도에 맞게 가다 보면 나만의 색깔로 나만의 꽃봉오리를 피운다."

"물이 끓는데 필요한 마지막 1도. 나는 끝까지 기다리고 인내한다."

여기서 잠깐! 장고(長考) 끝에 악수(惡手) 둔다.

　외국 기업에서 자주 사용하는 말 중 'quick and dirty'라는 표현이 있다. 일에 대한 초안을 우선 빠르게 완성하고 세부적인 상황은 시행착오를 겪으며 고쳐나가자는 뜻이다. 비슷한 맥락으로 '장고 끝에 악수 둔다'는 우리식 표현은 어떤 상황을 결정할 때 너무 많은 생각이 오히려 좋지 않은 결과를 초래한다는 말이다. 보통 우리는 어려운 문제에 직면하면 자신의 선택에 대한 결과를 심각하게 고려하고 주저하는 경향이 있다. 무턱대고 결정했다가 뒤늦은 후회를 할까 '선택 장애' 스트레스를 앓는다. 하지만 빠르게 결정하는 것이 꼭 안 좋은 결과를 초래하는 것은 아니다. 처음 보자마자 떠오르는 직관적인 판단과 실행으로 더 나은 성과를 만들어내는 경우도 많다.

　네덜란드 사회 심리학자 압 데이스테르후이스(Ap Dijksterhuis)와 동료들은 사람들이 물건을 소비할 때 의식적으로 계속 생각하며 내린 결정과 무의식적으로 내린 결정 중 어느 결정에 만족하는지에 대한 실험을 진행했다.* 실험에 참가한 사람들을 두 집단으로 나눈 후, 모두에게 자동차를 선택하기 위해 몇 가지 정보를 주었다. A 집단은 4분간 주어진 정보를 계속 생각하고 취합한 후 차를 선택하게 했고(의식적 판단집단), B 집단은 4분간 수수께끼 문제를 주고 주의를 분산시키며 차를 선택하게 했다(무의식적 판단집단). 그 결과 자동차에 대해 비교적 단순한 정보가 주어진 경우(4가지), 정보를 계속 고민하며 선택한 A 집단이 더 높은 만족을 보였으나, 고려해야 할 정보가 많은 경우(12가지) 무의식적으로 결정을 내린 B 집단이 더 높은 만족도를 보였다. 또한, 두 번째 실험에

---

* Ap Dijksterhuis et al., On Making the Right Choice: The Deliberation-Without-Attention Effect, 2006, Science 311(5763), 1005-7.

서도 샴푸나 CD, 신발 같은 일상용품을 선택하는 데 의식적인 판단 집단(A 집단)이 만족도가 높았던 반면, 비행기 티켓이나 카메라, 숙소 같은 쉽게 결정하기 어려운 결정을 하는 데는 무의식적으로 판단 집단(B 집단)이 더 만족도가 높았다. 이 결과에 대해 연구자들은 인간의 무의식이 우리가 인지하지 못하는 와중에도 더 좋은 결과를 내기 위해 정보들을 통합하는 과정을 거친다고 말한다. 마찬가지로 맬컴 글래드웰(Malcolm Gladwell)의 저서 '블링크(Blink)'에는 각 분야 전문가들(군인, 소방관, 응급실 의료진 등)이 급박한 상황에서 내리는 직관적인 판단이 다양한 변수를 고려해 심사숙고해서 내리는 결정보다 더 정확한 결론을 내는 사례가 많이 나온다. 이는 의사 결정을 할 때 지나치게 많이 생각하고 분석하는 것이 반드시 좋은 결과로 이어지지 않는다는 점을 시사한다.

물론 위와 같은 사례들이 모든 의사 결정 상황에 적용되진 않을 것이다. 하지만 장고 끝에 둔 수가 실패로 돌아갔을 때, 그 실망은 배가되어 더 큰 좌절을 불러올 수 있다. 선택의 기로에선 마음속 직관을 따라 행동하고 부딪히며 전략을 찾아가는 것도 좋은 방법이 될 수 있음을 유념하자.

간절하되, 여유 있는 마음으로

"슬럼프가 온 뒤로 제 머릿속은 온통 축구 생각뿐이었어요. 길을 지나가는 데 가로수들이 온통 골대로 보여서 거기에 못 넣으면 큰일 날 것처럼 무서웠습니다."

"저는 정말 간절하게 축구만 했어요. 그러다 보니 실수 하나에 너무 스트레스를 받으며 집착하게 되더라고요. 왜 그때 실수를 했을까, 왜 골을 못 넣었을까, 왜 시합에서 내 기량을 다 발휘하지 못했을까.. 정말 답답하고 화가 나서 멘탈이 무너질 때가 많았습니다. 그러다 어느 순간 슬럼프가 왔는데, 이제는 도저히 못 버틸 지경까지 와버렸어요. 오로지 축구만 했는데 왜 저한테 이런 시련이 오는지 너무 화가 나고 답답합니다."

어느 날 슬럼프로 찾아온 프로선수가 있었다. 학생 때부터 온종일 훈련에 매진했지만, 신인 때부터 보여줘야 한다는 압박감에 잠도 제대로 못 잘 정도로 스트레스를 받았다. 상담을 통해 내면에 불안한 감정을 마주하고 치유해나갔지만, 무엇보다 이 선수에게 가장 필요한 것은 성적 자체에 대한 집착을 내려놓는 것이었다. 훈련이 쉬는 날까지 혼자 훈련하는 습관을 버리고, 한강에서 자전거를 타고 배드민턴도 치면서 다른 활동을 즐기게끔 했다. 여자친구도 사귀고 책도 읽으면서 취미 생활로 기타도 배웠다. 처음엔 어려웠지만 시간이 갈수록 집착은 줄어들었고, 전체적인 플레이에 여유가 생기면서 슬럼프를 극복할 수 있었다.

"예전에는 운동을 하면서 받은 스트레스를 운동으로 풀려고 했어요. 다른 일에 정신이 뺏기면 큰일 날 줄 알았거든요. 그런 말을 수도 없이 들으며 자라왔고.. 축구뿐인 저에게 축구가 제대로 안 되는 날이면 정말 답답해 미쳐버릴 것 같았습니다. 근데 이제는 스트레스를 받을 때 기타를 치거나 축구와 상관없는 활동을 해요. 그러다 보면 잡생각도 사라지고 마음이 맑아지더라고요. 축구를 하지 않음으로써 축구를 잘하게 되는 방법을 조금은 터득한 것 같아요."

2000년대 유럽 최고의 골키퍼였던 페트르 체흐(Petr Cech)의 취미는 드럼이었다. 유튜브 전용 채널도 있고 실력도 수준급이다. 그는 드럼을 치며 리듬을 타는 것이 멘탈 관리와 골키퍼 실력향상에 많은 도움이 되었다고 한다. 과거 '양태공'이라는 별명이 있었던 삼성라이온즈 레전드 양준혁 前 선수는 야구가 잘 풀리지 않을 때 낚시를 하고 오면, 다음날 이상하게 공이 잘 보였다고 한다. "월척을 낚았을 때의 손맛은 큰 홈런을 쳤을 때의 짜릿함과 비슷하다"고 비유했다. 많은 프로선수가 즐기는 골프는 넓고 푸른 잔디를 거닐며 심적인 여유와 집중력을 키울 수 있다는 장점이 있다. 한국인 최초로 세계 랭킹 1위를 달성했던 신지애 골퍼의 취미 또한 음악이다. 음악 듣는 것을 좋아하고 직접 음반까지 냈던 그녀는 음악을 통해 리듬과 타이밍을 맞추는 데 많은 도움을 받았다고 한다. 음악이 운동선수들의 리듬과 템포 조절에 도움이 된다는 것은 이미 여러 연구결과에서 확인되기 때문에 여러 종목의 선수가 음악을 통해 자신만의 리듬을 찾는다. 사격 올림픽 금메달리스트 진종오 선수의 취미는 낚시와 독서다. 그의 아버지는 그가 어렸을 때부터 낚시를 다니며 찌를 노려보는 습관이 표적을 정확히 응시해야 하는 사격 선수의 집중력에 많은 도움이 됐다고 한다. 또한, 그는 어딜 가나 책을 들고 다니며 독서를 즐긴다. 런던 올림픽에서 금메달을 딴 후 인터뷰에서 "독서가 집중력과 기록향상에 많은 도움이 됐다. 복잡한 생각을 한

방에 떨치는 데 책이 최고"라고까지 했다.

우리가 일상생활에서 몰입이 가장 쉽게 일어나는 분야가 바로 놀이다. 운동선수로서 성공하려면 운동에만 매진해야 한다고들 하지만, 절대 그렇지 않다. 오직 축구만을 생각할수록 실수에 대한 집착은 심해지고, 생각없이 무의식에 내맡겨야 할 순간에도 감정에 휘둘리게 되기 때문이다. 축구와 관련 없는 놀이나 취미 생활을 통해 축구로 받는 스트레스를 환기하며 몰입의 느낌을 되찾아가는 것도 퍼포먼스를 유지하고 향상시킬 수 있는 좋은 방법이다. 온종일 축구만 생각하고 집착하는 것보다, 마음에 여유를 가지며 천천히 나만의 플레이를 만들어 나가는 것이 필요하다.

실습하기 끈기와 믿음, 여유를 가지기 위한 나만의 전략을 세워보자.

4

부상과 재활의 스트레스 내려놓기

부상 후 예전 기량이 돌아오지 않는 답답함

부상 후 기량이 돌아오지 않아요.

　부상에서 복귀 후 선수들이 힘들어하는 부분 중 하나가 바로 기량이 회복되지 않는 답답함이다. 예전 좋았던 모습을 보여줘야 한다는 생각에 조급해지지만, 폼이 따라주지 않아 큰 스트레스를 받는다.

"여기저기 부상으로 2년을 재활에만 매진했어요. 힘들게 복귀했지만, 예전 기량이 돌아오지 않아 너무 힘들고 답답합니다."
"부상을 자주 당해 플레이를 적극적으로 못하다보니 그렇게 좋았던 개인기가 이제 다 사라진 것 같아 너무 속상합니다."

이런 문제로 힘들어하고 있다면, 다음의 문장을 활용해서 각자의 상황에 맞게 EFT를 해보자.

손날 타점

"나는 부상 이후 예전의 감각을 찾을 수 없어서 너무 답답하고 스트레스를 받지만, 이런 나를 마음속 깊이 이해하고 받아들인다."

"나는 잘했던 내 모습이 나오지 않아서 너무 힘들고 답답하지만, 이런 나를 마음속 깊이 이해하고 받아들인다."

"나는 부상 이후 기량이 점점 하락해서 너무 속상하고 답답하지만, 빨리 예전 실력을 되찾아야 한다는 생각에 마음이 조급해지지만, 이제 이런 나를 마음속 깊이 이해하고 받아들이고 사랑한다."

얼굴 타점

"재활로 힘든 시간을 보냈는데, 막상 복귀하니 예전 실력이 나오지 않는다. 너무 답답하고 화가 난다. 예전 내 모습은 다 어디로 갔을까, 아무리 애를 써도 기량을 찾을 수 없어서 너무 힘들고 속상하다. 빨리 예전 모습으로 돌아가야 한다는 생각에 불안하고 초조하고 조급해진다. 하지만 이렇게 집착할수록 기량은 오히려 하락해서 힘들고 답답해지지만, 이런 나를 마음속 깊이 이해하고 받아들이고 사랑한다. 지치고 힘들어도 우선 편안한 마음으로 기다려보자."

기량을 회복하는 과정에서 받는 심리적인 스트레스를 꾸준히 EFT로 풀어내자. 그리고 다시 연습에 매진하자. 부정적인 감정이 계속 남아있어도 괜찮다. 다음 장부터 이어지는 부상과 관련된 감정들을 하나씩 내려놓다 보면, 한결 더 편안한 마음을 느낄 수 있을 것이다.

불안하고 조급한 재활의 시간

　3년 차 프로선수 상민(가명)이는 잦은 부상으로 심한 마음고생을 하고 있다. 구단의 많은 관심을 받고 입단했지만, 잦은 부상으로 해마다 몇 개월씩 재활에 매진해야만 했다. 최근 햄스트링 부상에서 복귀하자마자 발가락 골절로 다시 재활 치료에 들어갔다. 그런 상민의 마음은 걱정과 불안으로 요동쳤고, 일상생활에서도 점점 예민해져 갔다.

김 코치 : "가장 힘든 점이 뭐에요?"
상민 : "재활의 시간이 너무 힘들고 답답합니다. 통증도 통증이지만, 마음이 더 힘드네요. 이번엔 제대로 복귀할 수 있을까, 예전 기량을 회복할 수 있을까, 또 부상당하면 어떡하나, 동료들에게 뒤처지진 않을까.. 여태 보여준 것이 많이 없어서 팀에서 방출당할까 봐 겁도 나고요. 부상으로 재기하지 못하고 은퇴한 선배들을 보면 나도 그렇게 될까 두렵습니다."
김 코치 : "자, 우선 힘든 내 마음부터 달래주죠. 재활하고 있는 내 모습 한 번 떠올려볼래요? 표정은 어떻고 마음은 어떤지 한 번 살펴봐요."
상민 : "불안해하고.. 힘들어하고.. 빨리 회복해서 보여줘야 한다는 생각에 많이 조급해 보입니다."
김 코치 : "자, 그런 나를 생각하며 EFT 해보죠. 따라 해봐요."

손날 타점

"나는 제대로 복귀를 할 수 있을까 너무 걱정되고 불안하지만, 이런 나를 진심으로 이해하고 받아들인다."

"나는 빨리 복귀해서 실력을 보여줘야 한다는 생각에 불안하고 조급해지지만, 이런 나를 마음속 깊이 이해하고 받아들이고 사랑한다."

"여태 제대로 보여준 것도 없는데 또 다쳐서 너무 걱정된다. 동료들에게 뒤처지진 않을까, 팀에서 방출되진 않을까, 다시 축구를 할 수 있을까, 이대로 선수 생활이 끝나면 어떡하나.. 너무 두렵고 걱정되는 마음에 잠도 제대로 못 자지만, 이런 나를 진심으로 위로하고 사랑한다. 두려움을 온전히 마주하고 내려놓는다."

얼굴 타점

"부상에서 회복할 수 있을까, 다시 기량을 찾아서 잘 뛸 수 있을까 너무 걱정되고 불안하다. 또 다치진 않을까, 제대로 보여준 것도 없는데 팀에서 방출되면 어떡하나 너무 두렵다. 동료들은 열심히 훈련해서 앞서 나가는데, 나만 제자리걸음이라 답답하다. 빨리 복귀해서 따라잡아야 하는데, 기다려준 팀에 좋은 성적으로 보답해야 하는데 그러지 못해서 너무 불안하고 조급해진다. 힘들고 답답한 마음에 점점 지쳐가지만, 이런 나를 마음속 깊이 이해하고 받아들이고 사랑한다."

김 코치 : "심호흡 크게 하면서.. 불안하고 조급한 마음을 받아들여 보세요. 힘들어하는 나를 안아주고 사랑해주는 겁니다."

상민 : "다가가서 안아주니 힘들었던 감정이 많이 빠져나가는 것 같아요. 아까보단 편안해 보이네요."

김 코치 : "아직 남아있는 감정이 있을까요?"

상민 : "생각해보면 외로움이 큰 것 같아요."

김 코치 : "어떤 모습이 떠올라요?"

상민 : "아무도 없는 방에서 불안해하고.. 속 시원하게 말할 상대도 없고.. 말해도 해결도 안 되고.. 겉으론 괜찮은 척하지만 혼자 이겨내는 게 두렵고 외로웠습니다."

김 코치 : "자, 그런 나에게 다가가 봐요. 얼굴 타점을 두드리며 자신을 위로해 주죠. 진심을 담아서 사랑해주는 겁니다."

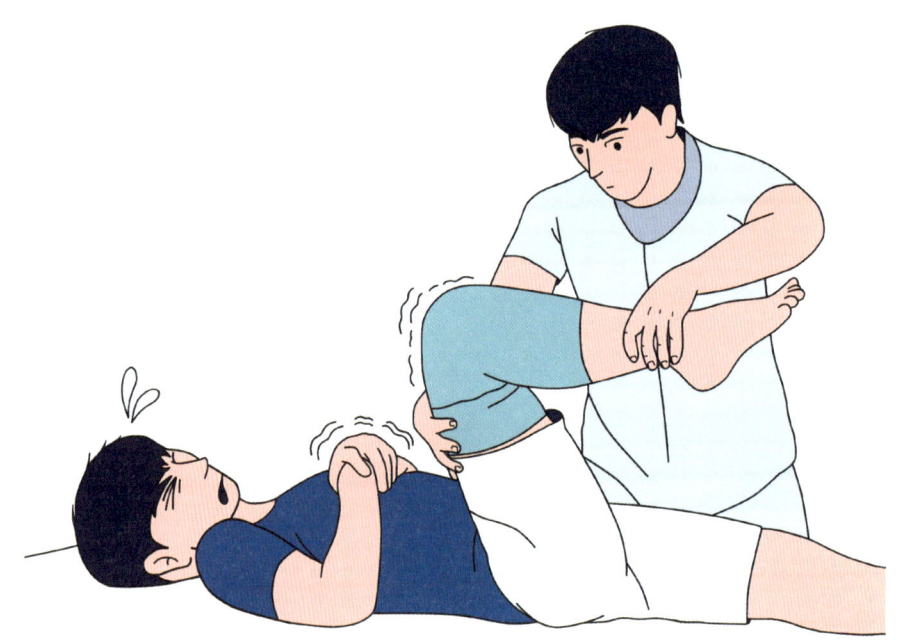

얼굴 타점, 나를 위로하며

"부상과 통증으로 얼마나 아프고 힘들었니? 혼자 그 시간을 이겨낸다고 얼마나 외로웠어? 누구 하나 네 마음을 진심으로 헤아려주는 사람도 없고, 말한다고 해결되지도 않아서 얼마나 답답했을까. 몇 년간 계속된 부상으로 정말 힘들고 괴로웠겠구나. 이대로 선수 생활이 끝나면 어떡하나, 남들은 앞서가는데 혼자 뒤쳐지면 어떡하나, 보여준 것도 없는데 방출당하면 어떡하나.. 얼마나 두렵고 불안했니. 나 자신조차도 힘들어하는 너를 내버려 두고 살았어. 항상 원망하고 비난만 해서 정말 미안해. 이제는 내가 항상 옆에 있을게. 정말 사랑한다."

김 코치 : "여태 버려져 있었던 나를 진심으로 위로해 봐요."
상민 : "후... 마음이 한결 편안해지네요. 제가 저를 버려두고 산 것 같아요. 생각하면 프로에 입단하고부터 지금까지 정말 힘들고 외로웠습니다. 경기를 뛰었던 시간보다 재활에 시간을 더 많이 썼으니까요. 겉으론 괜찮은 척, 아무렇지 않은 척해도 속으론 항상 걱정과 불안으로 눈치를 보고 살았습니다. 왜 또 아프냐고, 왜 이렇게 안 낫냐고. 부상당하면 안 된다고.. 항상 제 자신을 비난하고 미워하며 살았네요. 이제는 저를 진심으로 사랑해주겠습니다."

이후 상민이는 매일 1시간씩 부상으로 겪었던 불안과 외로운 감정을 EFT를 통해 내려놓았고, 한결 편한 마음으로 재활에 매진할 수 있었다. 위의 사례처럼 재활 과정에서 감정 조절의 문제로 힘들어하고 있다면, 각자의 상황에 맞게 EFT를 해보자.

여기서 잠깐! "나는 할 수 없다" 학습된 무기력

학습된 무기력(learned helplessness)은 말 그대로 무기력을 학습한 상태이다. 극복할 수 없는 상황에 반복적으로 노출되면서 실제 이겨낼 능력과 방법이 있음에도 자포자기한 상태를 말한다. 미국의 심리학자 마틴 셀리그먼(M. Seligman)은 24마리의 개를 세 집단으로 나누어 상자에 넣고 전기충격을 가하는 실험을 했다.*

첫 번째 상자 안에 있는 집단의 개들에게는 근처에 조작기를 설치해 개들이 버튼을 누르면 전기충격이 멈추게끔 설정하였다. 두 번째 집단의 개들은 버튼을 눌러도 전기충격이 멈추지 않게 설계하여 그대로 고통을 당해야만 했다. 세 번째 집단 개들은 전기충격을 가하지 않고 그저 일정 시간 동안만 상자에 가둬두었다. 24시간 이후 이들 세 집단은 각각 다른 상자로 옮겨져 다시 전기충격을 받았다. 세 상자 모두 가운데 담만 넘으면 전기충격을 피할 수 구조로 설계되었고, 전기충격이 가해지자마자 개들은 일제히 담을 넘어갔다. 하지만 앞선 실험에서 두 번째 집단의 개들(버튼을 눌러도 전기충격을 멈출 수 없었던)은 구석에 쭈그려 전기충격을 그대로 당하기만 했다. 자신이 어떤 행동을 해도 전기충격을 멈출 수 없다는 무기력이 학습되었기 때문이다.

이 현상은 실패를 반복적으로 경험한 운동선수들에게서 자주 볼 수 있다. 슬럼프를 극복하려고 온갖 방법을 다 동원했지만, 오히려 문제가 더욱 심각해져 좌절하고 무기력해진 선수들이 많다. 그들의 무의식에는 "나는 할 수 없다" "어떤 방법을 동원해도 극복할 수 없다"라는 생각이 가득 차 있는 상태. 이 때는 억지로 긍정적인 마인드를 주입하는 것보다 충분한 휴식을 가지며 무기력한 마음부터 치유해나가는 과정이 필요하다.

---

* Seligman, M. E. P. 1972. "Learned helplessness", 《Annual Review of Medicine》, 23(1): 407-412.

실습하기 부상과 재활의 답답함, 조급함이 있다면 하나씩 비워내보자.

- [ ] _____
- [ ] _____
- [ ] _____
- [ ] _____
- [ ] _____
- [ ] _____
- [ ] _____
- [ ] _____
- [ ] _____
- [ ] _____
- [ ] _____
- [ ] _____
- [ ] _____
- [ ] _____

헤딩 부상의 트라우마

 대학교 축구선수인 현우(가명, 수비수)는 시합에서 MVP를 할 만큼 좋은 성적을 내고 있었다. 그러다 다른 학교와의 연습 경기에서 헤딩 경합 중 상대 공격수의 머리에 얼굴을 부딪히고, 안와 골절과 뇌진탕 증세로 한동안 훈련을 쉬어야 했다. 몇 달간의 휴식과 재활을 마치고 복귀했지만, 현우는 부상에 대한 두려움으로 몸싸움을 잘 하지 못했고, 점차 슬럼프에 빠지게 되었다.

현우 : "다쳤을 때의 기억 때문에 상대방과의 몸싸움이 두렵습니다. 시합만 되면 다쳤던 부위가 아려오고 헤딩할 때마다 위축되네요. 밤에 잘 때도 악몽을 자주 꿉니다."

김 코치 : "아직 다쳤던 순간이 생생하죠?"

현우 : "그럼요. 아찔했어요. 시야가 캄캄해지면서 코피가 나고.. 큰일 났다 싶었습니다. 잘못되지 않을까 너무 무섭고 두려웠어요."

김 코치 : "자, 그 순간을 떠올리며 EFT 해보죠."

손날 타점

"나는 상대방 머리에 얼굴을 부딪혔던 순간이 아직도 너무 아찔하고 무섭게 느껴지지만, 이런 나를 마음속 깊이 이해하고 받아들인다."

"나는 얼굴을 부딪히며 시야가 캄캄해지던 순간이 아직도 생생하지만, 이런 나를 마음속 깊이 이해하고 받아들이고 사랑한다."

"나는 혹 크게 다치진 않았을까 너무 무섭고 두려웠지만, 그때의 나를 진심으로 이해하고 받아들이고 사랑한다."

얼굴 타점

"얼굴을 다쳤던 순간이 아직도 아찔하다. 시야가 깜깜해지고 코피가 흐르는 느낌이 생생하다. 실명되진 않았을까, 뼈가 으스러지진 않았을까 너무 무섭고 두려웠다. 아직도 그때의 기억이 꿈에 나올 만큼 무섭고 두렵지만, 이런 나를 마음속 깊이 이해하고 받아들이고 내려놓는다. 나를 진심으로 위로하고 사랑한다."

김 코치 : "자, 심호흡 크게 해봐요. 그때 느꼈던 두려움을 온전히 직면하고 받아들이는 겁니다. 두려움에 떨고 있는 나를 안아주세요."

현우 : "후.. 두드리고 나니까 당시 두려운 마음이 많이 사라졌어요. 아무렇지 않아요."

김 코치 : "다른 순간으로 넘어가 보죠. 아직도 마음속에 남아있는 순간이 있으면 말해 줄래요?"

현우 : "수술 끝나고 붕대에 감겨있는 제 모습을 거울로 봤을 때가 많이 생각나요. 너무 아프고 처참했습니다."

김 코치 : "자, 다시 비워내 보죠."

손날 타점, 이하 생략

"나는 수술이 끝나고 거울로 비친 내 얼굴을 봤을 때 너무 아프고 처참했지만, 그런 나를 마음속 깊이 이해하고 사랑한다."

김 코치 : "처참해진 나 자신을 진심으로 위로해주세요. 괜찮아지면 다시 마음을 살펴보죠. 두려움이 남아있는지 살펴봐요."

현우 : "음.. 경기장에 들어가서 다시 몸싸움한다고 생각하면 불안해져요."

김 코치 : "복귀하고 또 다칠까 봐 두려웠죠?"

현우 : "네, 막상 시합에 들어가니까 다친 부위가 아려오면서 위축되고 불안했습니다."

김 코치 : "자, 그때를 생각하며 EFT 해보죠."

손날 타점

"나는 복귀 후 시합에서 또 다칠까 봐 너무 두렵고 불안했지만, 그런 나를 마음속 깊이 이해하고 받아들인다."

"나는 또 다치면 어떡하나 나도 모르게 몸이 위축되고 움츠러들었지만, 그런 나를 마음속 깊이 받아들이고 사랑한다."

"나는 헤딩을 하면서 또 부상을 입으면 어떡하나, 끔찍한 고통을 또 겪으면 어떡하나 너무 두려웠지만, 그런 나를 마음속 깊이 진심으로 이해하고 사랑한다."

얼굴 타점

"복귀 이후 너무 두렵고 불안했다. 아픈 부위가 아려오고 나도 모르게 움츠러들었다. 또 다치면 어떡하나, 끔찍한 고통을 또 어떻게 감당해야 하나 너무 걱정됐다. 상대방과 조금이라도 부딪히면 얼굴을 다칠까 봐 불안하고 두려웠지만, 이런 나를 마음속 깊이 이해하고 받아들이고 사랑한다."

김 코치 : "자, 이제 상상으로 경기장에 들어가서 맘껏 몸싸움 해보세요."
현우 : "자신감 있게 하는 모습이 그려져요."
김 코치 : "헤딩은 어때요?"
현우 : "잘 됩니다. 두려움이 많이 사라졌어요."

이후 현우는 부상에 대한 두려움이 올라올 때마다 EFT로 내려놓았고, 일주일 정도 지나니 다시 예전처럼 자신감 있게 플레이할 수 있게 되었다. 부상의 트라우마로 고생하는 선수가 있다면 위의 과정을 참고해 각자의 상황에 맞게 EFT를 해보자. (다른 기억이 관여하지 않는) 단순 트라우마 기억은 EFT로 빠르게 치유된다.

부상 당시의 생생한 기억

앞에 현우의 사례처럼 부상 당시의 기억이 선수의 수행을 불안하게 하는 경우가 많다. 다른 사례들을 더 살펴보자.

"발목이 부러질 때 그 소리와 통증의 아찔함을 잊지 못해요. 복귀 이후에도 빠르게 뛰는 게 너무 불안합니다."

"십자인대 파열 부상 이후 두려움 때문에 무릎을 끝까지 펴지 못하겠어요."

"햄스트링 부상에서 복귀하자마자 아킬레스건을 또 다쳤는데, 그때의 좌절감으로 운동하는 게 너무 두렵고 무기력해집니다."

"상대방과 몸싸움 후 머리부터 떨어지면서 뇌진탕을 겪었는데, 그 이후로 플레이가 많이 위축되었습니다."

"제 태클로 인해 상대방 발목이 골절되었어요. 선수 생활을 그만둘 수도 있을 만큼 큰 부상을 당했는데, 정말 미안하고 죄책감이 듭니다. 다쳤던 기억보다 남을 다치게 했던 기억이 더 두렵고 크게 느껴지네요."

부상 당시의 충격이 아직도 마음속에 크게 남아있다면, 아래 문장을 활용해 각자의 상황에 맞게 EFT를 해보자. 마음이 완전히 편안해질 때까지 반복적으로 하는 것이 좋다.

손날 타점

"나는 다쳤을 때의 충격이 아직도 아찔하고 생생하게 느껴지지만, 이런 나를 마음속 깊이 이해하고 받아들인다."

"나는 뼈가 부러지고, 인대가 끊어지고, 관절이 돌아가는 소리와 느낌을 잊을 수가 없지만, 아직도 그때만 생각하면 두렵고 아찔하지만, 이런 나를 마음속 깊이 이해하고 받아들이고 사랑한다."

"나는 다쳤을 때 어딘가 크게 잘못 됐을 것 같았던 공포가 아직도 생생하지만, 이런 나를 마음속 깊이 이해하고 받아들이고 사랑한다."

얼굴 타점

"다쳤을 때의 충격을 잊을 수 없다. 뼈가 부서지고, 인대가 끊어지고, 관절이 돌아가는 느낌이 너무 생생하고 끔찍하다. 도저히 그 기억에서 헤어 나올 수가 없다. 재활하면서도, 필드에 복귀했을 때도, 몇 년이 지난 지금까지도 그 트라우마에서 벗어나지 못했다. 또 다치면 어떡하나, 끔찍했던 통증을 어떻게 또 감당해야 하나 두렵고 무서워서 나도 모르게 몸이 움츠러들지만, 이런 나를 마음속 깊이 이해하고 받아들이고 사랑한다. 다쳤을 때의 공포와 두려움을 온전히 마주하고 느끼고 내려놓는다."

얼굴 타점, 나를 위로하며

"다쳤을 때의 통증이 끔찍했지? 얼마나 아프고 두려웠니? 잘못됐을까 봐 얼마나 무서웠어? 아직도 그 기억에서 헤어 나오지 못하고 있구나. 오랫동안 얼마나 힘들었을까. 두려워하는 너를 버려두고 살아서 미안해. 지금에서야 발견해서 정말 미안해. 이제 괜찮아. 충분히 시간이 지났어. 내려놔도 돼. 내가 지켜줄게."

재부상의 두려움, 좌절감

고등학교 3학년 올라간 정민(가명, 공격수)은 무릎 십자인대 부상으로 수술을 받았다. 그 전까지 팀에서 좋은 모습을 보이며 명문대 진학 가능성이 많았지만, 부상으로 어쩔 수 없이 유급을 해야만 했고 10개월간의 재활을 끝내고 다시 3학년으로 복귀했다. 성실히 재활을 한 덕분에 통증은 많이 완화되었지만, 문제는 다시 재부상에 대한 두려움이었다.

정민 : "다쳤을 때 기억이 생생해요. 가장 중요한 시기일 때 부상을 당해서 정말 속상했습니다. 재활도 너무 힘들었고.. 복귀 이후에도 통증이 재발하지 않을까 아직도 불안합니다."

김 코치 : "다쳤을 때 상황을 말해줄래요?"

정민 : "중요한 시합에서 스카우터 분들이 많이 보고 있어서 정말 열심히 뛰었습니다. 긴장을 많이 한 탓인지 무릎에서 조금씩 통증의 신호를 보내는데도 무시하고 열심히 뛰었어요. 그러다 공수 전환을 하면서 빠르게 뛰는 데 갑자기 무릎에서 '딱'하는 소리와 함께 땅에 주저앉게 되었습니다. 큰 통증과 함께 다리 감각이 사라지면서 소리를 마구 질렀습니다. '큰일 났구나..' 너무 두렵고 무서웠어요. 병원 가서 검사를 해보니 십자인대가 끊어졌다는 진단을 받았습니다. 하늘이 무너져 내리는 기분이었어요. 어떻게 준비한 고3인데.. 프로 지명이나 대학 진학이 다 물거품이 되는 것 같아 너무 힘들었습니다."

김 코치 : "그때 내 모습을 생각하면 어때 보이나요?"

정민 : "화가 나고.. 좌절하고.. 힘들어 보여요."

김 코치 : "자, 그런 나를 위로해주죠. 따라 해봐요."

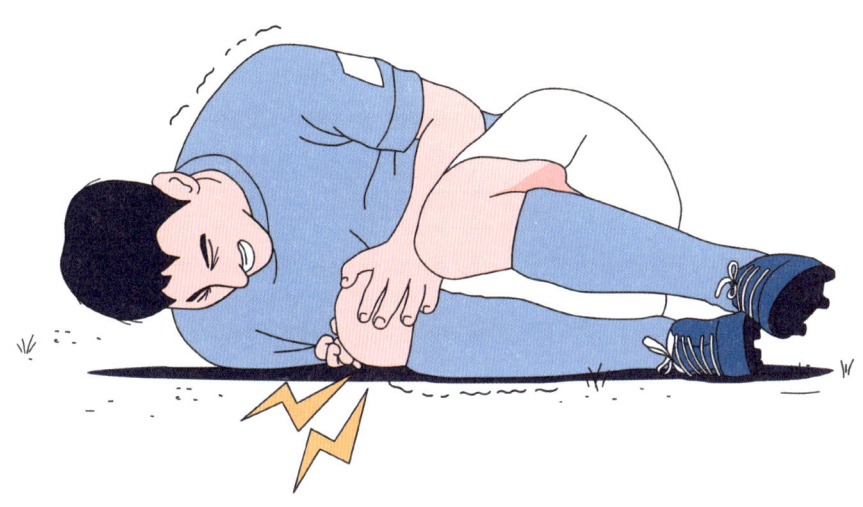

손날 타점

"나는 십자인대가 끊어지며 땅에 주저앉았던 기억이 아직도 생생하지만, 이런 나를 마음속 깊이 이해하고 사랑한다."

"부상으로 모든 게 물거품이 되지 않을까 너무 불안하고 걱정했지만, 이런 나를 마음속 깊이 이해하고 사랑한다."

"나는 십자인대가 끊어졌다는 말에 세상이 무너진 듯 좌절했지만, 그런 나를 마음속 깊이 이해하고 받아들이고 사랑한다."

얼굴 타점

"무릎을 다치고 땅에 주저앉았을 때 너무 두렵고 무서웠다. 혹 인대가 끊어지진 않았을까, 수술해야 하진 않을까 너무 불안하고 두려웠다. 스카우터들의 많은 관심을 받았는데, 조금만 더 열심히 하면 됐었는데 갑자기 찾아온 부상을 도저히 받아들일 수 없었다. 수술해야 한다는 말에 모든 것이 무너져 내린 것 같았다. 어떻게 준비한 고3 시즌인데.. 모든 게 물거품이 된 거 같아 너무 힘들고 좌절했지만, 그런 나를 마음속 깊이 이해하고 받아들인다. 진심으로 위로하고 사랑한다."

김 코치 : "심호흡 크게 하고, 당시 힘들어하는 나를 진심으로 사랑해줘요."
정민 : "마음이 편안해지네요."
김 코치 : "복귀하고 난 뒤에는 어땠어요?"
정민 : "재활하고 조금씩 괜찮아지면서 서서히 공을 차보기 시작했습니다. 가벼운 연습 게임은 괜찮은데, 전력으로 뛰면서 슛을 하려고 하니까 불안해서 제대로 힘을 못 주겠더라고요."
김 코치 : "당시 느낌을 말해줄래요?"
정민 : "또 다치면 끝장이라는 생각에 두려워하고.. 걱정하고.. 주변에서 괜찮다고 아무리 말해도 몸은 계속 움츠러들었습니다."
김 코치 : "자, 그 느낌을 온전히 직면하고 느끼며 EFT를 해보죠."

손날 타점

"나는 또 무릎이 아프면 어떡하나 너무 불안했지만, 그런 나를 마음속 깊이 이해하고 받아들인다."

"나는 또 부상을 당하지 않을까 너무 두렵고 무서웠지만, 그런 나를 마음속 깊이 이해하고 받아들인다."

"나는 또 다치면 끝장이라는 생각에 무릎을 제대로 펴질 못했지만, 그런 나를 마음속 깊이 이해하고 받아들인다."

얼굴 타점

"또 무릎이 아프면 어떡하나 불안하고 두려웠다. 또 부상을 당할까 봐 너무 두렵고 무서웠다. 또 다치면 끝장이라는 생각에 공을 찰 때마다 위축되고 두려웠다. 부상 때문에 실력도 제대로 보여주지 못하고 모든 게 끝장나는 게 아닌가 싶어 너무 걱정되고 무서웠다. 좋은 기량을 보여줘야 하는데, 성적을 빨리 내야 하는데, 두려움 때문에 그러지 못해서 너무 답답하고 좌절했다. 이제 그런 나를 마음속 깊이 이해하고 받아들인다. 힘들고 두려웠던 나를 진심으로 위로하고 사랑한다."

김 코치 : "심호흡 크게 하면서.. 두려운 마음을 온전히 인정하고 받아들여 봐요."
정민 : "후.. 두려움이 많이 내려가네요. 불안해하면서 공을 찼던 모습이 이제는 편해 보여요. 힘들어했던 나를 위로해주니 마음이 편안해집니다."

이렇게 정민이는 부상 당시의 좌절과 또 다칠 것 같은 두려움을 EFT로 꾸준히 내려놓았고, 점차 예전처럼 다시 뛸 수 있게 되었다. 부상에서 완전히 벗어나기 위해서는 심리적인 재활도 반드시 필요하다. 각자의 상황에 맞게 EFT를 활용해 부상의 두려움을 극복해보자.

> **여기서 잠깐!** **EFT 기법은 부정적 감정에 기인한 통증 완화에 도움이 된다.**

과거의 부정적인 기억과 감정을 치유하는 것이 선수들의 통증 완화에도 도움이 될 수 있다. 이에 관해서 통증 과학의 권위자 로널드 멜잭(Ronald Melzack, 1929~2019)이 제시한 뉴로매트릭스 이론(neuromatrix theory, 신경행렬설)을 살펴보자. 해부학적으로 몸과 마음(body-self)의 기본이 되는 것은 대뇌피질과 시상 그리고 변연계를 연결하는 넓은 신경망(network of neurons)이다. 유전적으로 결정된 신경망과 나중에 감각 입력(sensory input)으로 만들어진 신경망을 통틀어 뉴로매트릭스라고 한다.* 이 이론에 따르면 우리에게 어떤 자극이 반복될 때 뇌에서는 그와 관련된 활동 패턴인 신경지문(neurosignature)이 형성된다고 한다. 예를 들어 통증을 경험한 움직임은 뇌에서 그것이 몸에 위협이 된다는 신호로 기억되는 것이다. 실제 신체 조직에 손상이 가해지지 않아도 뇌는 그와 비슷한 움직임에 통증 신호를 보내는 데, 이때에는 과거의 기억과 감정, 기대, 생각 등 많은 정보가 관여한다고 한다.

과거 크게 다쳤던 기억이 있는 선수가 그와 비슷한 상황이 되면 불안과 통증을 같이 느끼는 경우가 있다. 수술 이후 복귀에 대한 기대와 부담, 방출의 두려움이 큰 선수가 작은 자극에도 예민한 반응을 보인다. EFT 기법은 이런 선수들에게 큰 도움을 준다. 물론 실제 신체의 손상, 잘못된 구조와 불균형한 근육, 움직임 측면에서의 치료와 교정은 반드시 필요하다. (기존의 치료를 대체하여 EFT만을 하라는 무모한 말이 절대 아님을 밝힌다). 기존의 치료법과 EFT를 잘 병용한다면, 선수의 통증을 완화하는 데 많은 도움을 받을 수 있다. 특히 아팠던 기억이나 다칠 것 같은 불안함, 혹사를 당하며 받았던 스트레스 등의 기억이

---

* 이경석, 통증의 이해, 군자출판사. 2005. p47

통증에 영향을 끼치는 게 느껴진다면, EFT를 적극 활용해 볼 것을 권한다.

실습하기 부상 당시의 기억, 재부상의 두려움이 있다면 하나씩 비워내자.

- [ ]
- [ ]
- [ ]
- [ ]
- [ ]
- [ ]
- [ ]
- [ ]
- [ ]
- [ ]
- [ ]
- [ ]
- [ ]
- [ ]

혹사의 기억, 몸이 보내는 통증의 신호

"다들 아픈데 말 안 하고 참고 운동하는 거야! 핑계 대지 말고 빨리 뛰어!"

선수들의 부상은 갑작스러운 외부 충격으로 일어나기도 하지만, 통증의 신호를 무시하고 몸을 혹사하는 과정에서 많이 발생한다. 특히 학생선수들은 강압적인 팀 분위기에서 통증을 억지로 참으며 훈련하는 경우가 많다.

"무릎이 너무 아파서 끊어질 것 같은데 팀 분위기상 아프다고 말하면 안 될 것 같아 계속 참고했어요. 못 버틸 수준까지 참고하다가 수술까지 하게 됐네요."
"경기에서 지거나 실수할 때마다 멘탈이 나약하다는 이유로 운동장 100바퀴씩 뛰었어요. 아무리 체력과 정신력이 중요하다고 하지만, 감독님이 기분 나쁘다는 이유로 선수들의 몸을 혹사시키니 너무 속상하고 화가 납니다."

"강압적인 분위기에 아프다고 말도 못 하고 훈련하는 게 정말 진절머리가 납니다. 이제 축구가 지긋지긋해요. 그만두고 싶은 마음뿐입니다."

"프로 입단하고 바로 전지훈련에 갔어요. 코치, 감독님, 선배들 앞에서 잘해야 한다는 부담이 컸습니다. 전부터 골반이 조금씩 안 좋았는데 통증이 있어도 티 내지 않고 참았어요. 무조건 과감하게 슬라이딩하면서 감독님 눈에 들어야 한다는 생각뿐이었습니다. 그러다 시즌 개막할 때쯤에는 골반과 허리가 아파서 제대로 뛰지도 못하겠더라고요. 몸이 망가졌다는 생각이 들었습니다. 이후로 오랫동안 재활을 반복하고 있지만, 통증보다 제 기량을 보여주지 못한 답답함이 더 크네요. 다 포기하고 군대나 가고 싶습니다."

"경기 중인데도 실수했다고 욕하는 감독님, 항상 아이들 앞에서 소리 지르는 코치님, 시합에서 지면 쉬는 시간 없이 훈련해야 하는 분위기, 이런 환경에서 아이들이 어떻게 아프다고 얘기하겠어요? 몸이 보내는 통증 신호에 무감각한 게 어쩌면 당연할지도 모르죠." (중학교 선수 학부모)

   통증을 억누르며 운동한 적이 있다면, 그런 내 모습을 한 번 떠올려보자. 인상 쓰고 아파하는 모습, 아픈데 꾹 참고 뛰는 모습, 걱정과 불안을 억누르며 훈련하는 모습.. 그런 나를 보고 있자면 안타까운 마음이 들 것이다. 다가가 진심으로 위로하고 사랑하는 마음으로 EFT를 해보자. 이러한 기억들은 통증과 더불어 선수의 멘탈을 무너뜨리기 때문에 그때마다 풀어주는 게 좋다.

손날 타점

"나는 통증이 있어도 억지로 참으며 운동해야 했지만, 그런 나를 이제는 마음속 깊이 이해하고 받아들인다."

"나는 무릎이 쑤시고 끊어질 듯 아파도 말 한번 못 하고 참아야 했지만, 그렇게 강압적인 분위기에서 운동하는 게 너무 지긋지긋하고 화가 나지만, 이런 나를 마음속 깊이 이해하고 사랑한다."

"나는 몸이 망가지는 걸 알면서도 억누르고 외면하고 살았지만, 결국 수술까지 하면서 너무 힘든 시간을 보냈지만, 이런 나를 마음속 깊이 이해하고 받아들이고 사랑한다."

얼굴 타점

"아프다고 말도 못 하고 운동했다. 통증을 억누르며 몸이 망가지는 걸 느끼면서도 꾹 참고 뛰었다. 그렇게 힘들게 운동했던 내 모습을 생각하면 너무 속상하고 안타깝다. 통증도 통증이지만 마음이 더 힘들고 괴롭다. 이런 나를 마음속 깊이 이해하고 받아들이고 사랑한다."

"아픈게 죄라고 생각했다. 멘탈이 약하다고 소리 지르는 코치 감독님 앞에서 통증이 느껴져도 억지로 참아야 했다. 나를 그렇게 망가트렸던 사람들이 너무 원망스럽다. 아플 때마다 내 마음은 분노로 가득했고, 그마저 참고 억누를 수밖에 없었지만, 이제 나를 마음속 깊이 이해하고 받아들인다. 나를 진심으로 위로하고 사랑한다."

힘들고 괴로웠던 순간의 나에게 다가가 진심으로 위로하면, 내 모습이 긍정적으로 바뀐다. 편안해질 때까지 꾸준히 반복해보자. 그렇게 마음이 차분해졌다면, 반대로 혹사당했던 몸이 나에게 했을 이야기에 한 번 귀 기울여보자.

망가진 무릎이 나에게 하는 말

"나는 오랫동안 찢기고 망가졌어. 오로지 너를 위해 휴식도 없이 일만 한다고 너무 힘들고 괴로웠어. 제발 그만 좀 하라고 그렇게 외쳐댔는데 너는 항상 나를 무시했어. 그깟 감독님 꾸중이 뭐라고, 그깟 실수 한 번 해서 쪽팔린 게 뭐라고 나를 그렇게 혹사하며 살았니? 제발 나를 좀 아껴달라고, 쉬게 해달라고 비명을 지르며 신호를 보냈잖아. 근데 너는 내가 완전히 망가진 다음에야 내 이야기를 들어주는구나. 너무 늦었어. 그동안 나는 처참하게 찢기고 고장 났어. 내가 얼마나 힘들었는데 왜 이제 알아주는 거야?"

수술 한 부위가 나에게 하는 말

"제발 그만 좀 뛰라고, 제발 나를 아껴달라고 항상 너에게 말했잖아. 통증으로 수없이 신호를 보냈잖아. 근데 너는 나보다 네 감정을 먼저 생각했어. 너의 두렵고 부끄러운 마음이 내가 찢기고 파열되는 것보다 훨씬 더 중요했잖아. 내가 아프다고 비명을 지르는데도 너는 아랑곳하지 않았잖아. 왜 또 아프냐고, 그만 좀 아프라고 나를 쥐어뜯으며 원망만 했잖아. 내가 얼마나 비참했던 줄 알아? 나는 너를 위해 태어났어. 오로지 너를 위해 하루종일 일만 하잖아. 근데 왜 너는 그런 나를 내팽개치고 주변 사람들 눈치만 보고 사는 거야? 네가 운동을 시작하고는 나는 한 번도 편안했던 적이 없었어. 너는 감독님 때문에 내가 이렇게 됐다고 하지만, 나를 혹사하고 아프게 했던 건 바로 너였어. 그렇게 주변 사람들에게 사랑만 받으려고만 하고, 정작 나에게는 사랑 한번 주지 않았잖아. 정말 힘들고 외로웠어. 왜 이제야 내 목소리를 들어주는 거야? 정말 아파서 죽고 싶었단 말이야. 네가 정말 원망스러웠어."

망가진 몸이 우리에게 하는 이야기를 차분하게 들어보자. 그리고 그런 몸에게 다가가 안아주자. 얼굴 타점을 두드리며 진심을 담아 위로해보자.

얼굴 타점

"이제야 네 목소리에 귀 기울여서 미안해. 오직 나를 위해 일하는 너를 항상 외면하고 살았어. 아플 때마다 비난하고 원망만 했어. 감정에 휘둘려 너의 목소리를 듣지 못해 정말 미안해. 아프다고 비명을 지르는데 너를 무시하고 억누르기만 했구나. 나는 주변 상황이 너를 아프게 한다고 생각했는데, 정작 너를 그렇게 만든 건 바로 나였구나. 남들에게 잠깐 뒤처지더라도, 조금 부족하더라도, 감독님에게 욕먹더라도 너를 아끼고 보살펴야 했는데, 항상 주변 눈치만 보며 너를 외면하고 살아서 정말 미안해. 이제야 나에게 가장 중요한 게 무엇인지 알게 되었어. 앞으로는 네 목소리를 절대 외면하지 않을게. 항상 아끼고 보살펴 줄게. 정말 사랑한다."

아픈 몸의 이미지가 밝게 느껴질 때까지 타점을 두드리며 진심으로 사랑해주자. 그러면 한결 편안한 마음이 들 것이다. 이 과정을 꾸준히 반복하다 보면 통증과 관련된 감정적인 스트레스가 확 줄어들기도 한다. 또한, 자기 몸을 아끼며 통증의 신호를 잘 알아차릴 수 있게 되고, 그에 맞는 방법으로 부상을 예방할 수 있는 습관을 만들 수 있다.

실습하기 혹사의 기억을 비워내고, 아픈 몸에게 하고 싶은 말을 적어보자.

- [ ]
- [ ]
- [ ]
- [ ]
- [ ]
- [ ]
- [ ]
- [ ]
- [ ]
- [ ]
- [ ]
- [ ]
- [ ]
- [ ]

5

부모님, 지도자와의 스트레스 내려놓기

부모님으로부터 받는 스트레스

"더 빨리 뛰어! 더!"
"거기에 공을 주면 안 되지!! 그 상황에서 실수하면 어떡해?!"
"왜 이렇게 주눅 들어? 자신감 있게 때려! 눈치 보지 말고 그냥 슛해!!!"
"코치님 우리 아이 좀 더 혼내주세요! 더 열심히 뛰어도 모자랄 판에 항상 게으름만 피우는 것 같아 너무 답답해요!"

"부모가 축구 한다"는 말이 있다. 정작 운동장에서 뛰는 건 선수인데, 부모의 심한 간섭과 꾸중이 되려 선수의 플레이를 망친다. 어릴 때부터 부모님의 심한 간섭과 지적을 많이 받고 자란 선수들은 매사에 눈치를 많이 보고, 조금의 실수에도 자존감이 떨어지는 경우가 많다. 자신이 내는 성적에 따라 부모의 반응이 달랐기 때문이다. 경쟁하고 이겨야 하는 것이 운동선수의 숙명이라 할지라도, 시행착오를 통해 성장하는 것은 부모가 아닌 선수 본인이다.

"시합 중에는 코치님이, 시합이 끝나고는 부모님이 혼내고 꾸중하는 게 정말 지긋지긋하고 답답합니다. 축구고 뭐고 다 때려치고 싶어요."
"아빠는 축구 안 해 봤자나! 제발 그만해. 제발! 나도 다 생각이 있어!!"
"제 뒷바라지해주시는 건 정말 감사한 일입니다. 제가 나중에 꼭 갚아 나가야 할 부분이고.. 근데 더 이상은 제 플레이에 간섭하지 않았으면 해요. 이제는 부모님의 시선이 느껴지기만 해도 의식되고 몸이 경직됩니다."

유소년 시절부터 부모님에게 심한 간섭을 받아온 선수들의 마음에는 부모님에 대한 원망과 분노가 쌓여있다. 동시에 자신을 뒷바라지하시는 것에 대한 미안함과 죄책감도 있다. 이런 복잡한 감정으로 힘든 시간을 보내고 있다면, EFT를 활용해 하나씩 풀어나가 보자.

손날 타점

"나는 항상 간섭하고 지적하는 부모님 때문에 분하고 답답한 마음이 크지만, 이런 나를 마음속 깊이 이해하고 사랑한다."
"나는 부모님의 심한 간섭과 꾸중 때문에 분노와 원망의 마음이 가득하지만, 이제 부모님이 말만 걸어도 짜증이 나지만, 이런 나 자신을 진심으로 이해하고 받아들인다."
"나는 집에 돌아가면 또 잔소리할 것 부모님 때문에 항상 긴장되고 예민하지만, 이런 나를 마음속 깊이 이해하고 받아들이고 사랑한다."

얼굴 타점

"항상 간섭하고 지적하는 부모님 때문에 너무 답답하고 화가 난다. 나도 문제가 뭔지, 어떻게 해야 하는지 다 알고 있는데 이래라저래라 하는 부모님의 지적이 너무 싫고 짜증이 난다. 가만히 두면 잘 할 것 같은데, 내 일은 내가 알아서 하는데, 간섭하고 잔소리하는 부모님 때문에 그냥 다 때려치고 싶은 마음뿐이다. 나도 못하고 싶어서 못하나, 실수하고 싶어서 하나, 왜 항상 실수하고 제대로 못하냐고 핀잔주는 부모님 모습만 생각하면 너무 답답하고 화가난다."

"한편으론 나를 뒷바라지 해주시는 부모님 모습만 생각하면 너무 짠하고 미안하다. 근데 운동에 간섭하고 화내는 모습을 보면 또 너무 화가 나고 원망스럽다. 이러지도 저러지도 못하고 속만 끓는 이 상황이 너무 답답하지만, 이런 나 자신을 진심으로 이해하고 사랑한다. 뒤죽박죽 섞인 이 답답한 감정을 진심으로 인정하고 이해하고 내려놓는다."

얼굴 타점, 나 자신을 위로하며

"부모님이 간섭하고 지적할 때마다 얼마나 짜증나고 답답했니? 나도 못하고 싶어서 못한 게 아닌데, 일부로 실수한 것도 아닌데, 잔소리 들을 때마다 얼마나 분하고 화가 났니? 마음에 응어리져 있는 이 답답한 감정들을 이젠 인정하고 받아들이자. 온전히 이해하고 내려놓자. 부모님에게 미안해서 말도 못 하고 혼자 속앓이했던 순간들을 이제는 온전히 마주하고 흘려보내자."

폭력과 폭언 트라우마

고등학교 2학년 명준(가명)은 항상 주변 눈치를 본다. 시합뿐만 아니라 연습에서도 코치, 감독님의 반응을 살피며 쉽게 주눅 든다. 선배들 눈치 보느라 숙소 생활도 항상 긴장과 불안의 연속이다.

김 코치 : "언제부터 그렇게 눈치 보며 운동했어요?"
명준 : "어렸을 때부터 항상 그랬어요."
김 코치 : "초중학교 때는 어땠어요?"
명준 : "초등학교 때 조금이라도 실수하거나 못하면 감독님에게 많이 혼나고 맞았어요. 또 욕 들으면 어떡하나 항상 불안에 떨면서 운동했습니다. 중학교에 올라와서는 시합에서 지고 오면 그날 바로 운동장 100바퀴 돌았어요. 구타와 얼차려가 일상이었습니다. 실수하면 코치님께 쌍욕들으면서 얼차려 받고, 숙소 들어가서 형들에게 또 맞고.. 이제는 조금이라도 실수하면 심장이 철렁 내려앉고 벤치 쪽을 보게 됩니다. 눈치 보는 게 완전히 습관이 됐네요."
김 코치 : "매일 긴장하고 눈치보며 훈련한다고 힘들었겠네요.. 코치님이랑 한 번 같이 비워내 보죠. 그렇게 혼나고 맞으면서 운동했던 순간을 떠올리면 어떤 모습이 가장 기억에 남아요?"
명준 : "욕먹을까 초조하고.. 긴장하고.. 불안하고.. 뺨 맞고 엎드려 뻗치고.. 무서워서 위축된 모습이 생각나요."
김 코치 : "그런 내 모습을 한 번 물끄러미 바라보세요. 어떤 마음이 드는지 느껴 봐요."

명준 : "너무 불쌍해 보입니다."

김 코치 : "그런 나에게 다가가서 진심으로 안아주죠. 자, 따라 해봐요."

손날 타점

"나는 조금이라도 실수하면 쌍욕 듣고 맞아가며 운동했지만, 그때의 순간이 아직도 생생하지만, 그런 나를 마음속 깊이 위로하고 사랑한다."

"나는 또 실수해서 혼나면 어떡하나 항상 불안에 떨었지만, 이제는 그 마음을 온전히 느끼고 받아들이고 내려놓는다. 당시의 나를 마음속 깊이 이해하고 사랑한다."

"나는 그때 내 모습을 생각하면 너무 불쌍하고 안타깝지만, 그런 나를 진심으로 받아들이고 위로하고 사랑한다."

얼굴 타점

"항상 두렵고 불안했다. 못하거나 실수하면 얼차려 받고 두들겨 맞았다. 온갖 욕설과 폭행으로 벌벌 떨면서 운동했다. 또 실수하면 어떡하나, 혼나면 어떡하나, 맞으면 어떡하나.. 항상 긴장하고 눈치보며 운동해야만 했다. 그때 내 모습을 생각하면 너무 불쌍하고 안쓰럽게 느껴지지만, 그런 나를 마음속 깊이 이해하고 받아들이고 사랑한다."

나를 위로하며

"맞고 욕먹으면서 운동한다고 얼마나 두렵고 무서웠니? 실수하면 어떡하나 얼마나 불안했니? 항상 감독님 반응 살피고 운동한다고 얼마나 힘들었어? 항상 맞고 얼차려 받으면서 정말 무섭고 불안했겠구나. 아직도 그때 그 자리에서 불안에 떨고 있구나. 그런 너를 오랜 시간 버려두고 살아서 정말 미안해. 많이 무섭고 외로웠지? 앞으로는 외면하지 않을게. 정말 사랑한다."

김 코치 : "타점 두드리면서 두려움에 떨고 있는 나를 안아주세요."
명준 : "불안했던 제 모습이 편안하게 바뀌어요. 다가가서 안아주니 고맙다고 하네요."
김 코치 : "또 마음에 남아있는 감정이 있으면 말해줄래요?"
명준 : "저를 때리고 욕한 사람들에게 너무 화가 납니다. 그저 순수하게 축구를 좋아했던 어린 저를 왜 그리 혹독하게 대했는지.. 너무 원망스럽네요."
김 코치 : "나를 비참하게 만들었던 사람인데 화가 많이 날 거예요. 자, 계속 비워내 보죠."

손날 타점

"어린 나를 그렇게 때려가며 훈련시켰던 지도자들이 너무 밉고 화나지만, 이런 마음을 깊이 이해하고 받아들인다."

"아무것도 몰랐던 나를 그렇게 때리고 욕할 필요가 있었는지 지금 생각하면 너무 분하고 억울하지만, 당장이라도 찾아가서 욕이라도 하고 싶지만, 이런 마음을 온전히 인정하고 받아들인다. 나 자신을 마음속 깊이 진심으로 위로하고 사랑한다."

"나는 그때 눈치 보며 운동했던 습관 때문에 지금까지도 힘들고 괴롭지만, 나를 두렵고 불안하게 만들었던 사람들이 너무 밉고 원망스럽지만, 이런 나를 마음속 깊이 진심으로 이해하고 받아들이고 사랑한다."

얼굴 타점

"항상 눈치 보고 긴장해야만 했다. 맞으면서 운동했던 그때만 생각하면 너무 분하고 억울하다. 아무것도 모르는 어린 나를 왜 그렇게 때렸어야 했는지, 실수하나에 쌍욕 하고 얼차려 줘야 했는지 너무 화나고 원망스럽다. 몇 년이나 지난 일이지만, 지금 일처럼 그 사람들의 모든 말과 행동이 생생하다. 아직도 그 기억에서 헤어 나오지 못하고 항상 눈치 보며 불안해한다. 나를 힘들게 했던 그 사람들을 도저히 용서할 수 없지만, 이 분한 마음을 이제는 이해하고 받아들여 보자. 폭력으로 얼룩진 어린 나를 자신을 진심으로 위로하고 사랑한다."

나를 위로하며

"아무것도 모르는 너를 때리고 욕하고 힘들게 해서 얼마나 무섭고 힘들었니? 그때만 생각하면 얼마나 원망스럽고 화가 나니? 폭력 때문에 얼마나 운동하기 싫었어? 재밌고 순수한 마음으로 시작했는데, 그런 네 마음을 망쳐놓아서 정말 분하고 원망스러웠겠구나. 얼마나 힘들었을까. 이제 그런 마음을 하나씩 받아들이고 내려놓자. 쉽진 않겠지만 그 기억에서 조금씩 벗어나자. 그 사람들을 위해서가 아닌, 오직 나를 위해 용서하고 내려놓자. 이제는 나 자신을 버려두고 살지 않을게. 지켜줄게. 정말 사랑한다."

김 코치 : "어린 나를 진심으로 위로하고 지켜주세요."

명준 : "후.. 용서할 수 있을 것 같아요."

김 코치 : "자, 한 번 상상해보죠. 어른이 된 내가 마음속에 위축된 어린 나를 지켜주는 거예요. 실수하고 욕먹어도 괜찮으니 자신 있게 플레이하라고 말해줘요."

명준 : "(상상한 뒤) 자신감 있게 축구 하는 모습이 그려져요. 감독님이 쳐다봐도 당당하게 플레이합니다. 표정도 웃고 있네요. 이렇게 웃으면서 운동하는 느낌이 참 오랜만입니다."

이렇게 명준이는 폭력으로 얼룩진 기억들을 하나씩 EFT로 내려놓았고, 점차 마음이 편안해지면서 자신감이 생겼다. 눈치 보는 습관도 많이 줄었고, 어린 시절 순수하게 축구했던 마음을 되찾을 수 있게 되었다.

다른 사례를 살펴보자. 이번에는 지도자가 아닌 선배, 동료들로부터의 폭력이다.

"중학교에 입학해서 선배들이 저를 정말 많이 괴롭혔어요. 운동할 때뿐만 아니라 기숙사에서도 주먹으로 얼굴, 가슴, 배 등 온갖 구타를 당했습니다. 숨이 제대로 쉬어지지 않아 잠깐 기절한 적도 있었어요. 트라우마가 심해서 그때만 생각하면 아직도 두렵고 무섭습니다."

"비염으로 코를 훌쩍이다가 시끄럽다고 형들한테 맞아서 틱이 생겼어요. 그렇게 저를 폭행하고 괴롭혔던 형이 프로에서 억대 연봉 받으면서 언론에 나오는 꼴을 보니 정말 열불이 나서 못 참겠습니다."

"어릴 때 선배들에게 맞고 혼나는 게 너무 싫었는데, 어느 순간 저도 그렇게 폭력적인 코치가 되어있더라고요."

폭행당한 기억은 절대 쉽게 잊지 못한다. 운동을 그만두고도 그 상처에서 평생을 살아가는 피해자들도 많다. 치유되지 않은 폭력의 기억이 무의식에 생생하게 남아있기 때문이다. 또한, 그런 분위기에 오래 노출될수록 폭력적으로 변할 확률이 높다. EFT를 통해 그 상처들을 하나씩 정화해 나가보자.

손날 타점

"나는 아직도 그 사람에게 맞았던 기억만 하면 너무 두렵고 불안하지만, 이런 나를 마음속 깊이 이해하고 받아들인다."

"나는 그 사람에게 맞을까 봐 항상 불안하고 초조하게 있어야 했지만, 그때만 생각하면 너무 분하고 억울하지만, 이런 나를 마음속 깊이 위로하고 받아들이고 사랑한다."

"나를 때리고 비참하게 만들었던 그 사람만 생각하면 열불이 나서 도저히 참을 수가 없지만, 이런 나를 마음속 깊이 이해하고 받아들이고 사랑한다."

얼굴 타점

"폭행당했을 때만 생각하면 아직도 두렵고 불안하다. 그 사람의 말과 표정, 때리는 모습, 맞을 때의 공포.. 그때 그 기억이 너무 생생하다. 도저히 벗어날 수 없다. 너무 분하고 억울해서 용납이 안 된다. 나를 그렇게 비참하게 만들어 놓고, 잘나가는 그 사람 모습을 보고 있자니 화가 나서 도무지 참을 수가 없다."

"시간이 많이 흘렀다. 그 사람은 오래전에 나를 때렸지만, 학교를 졸업한 뒤로 하루에도 수십 번씩 나를 괴롭힌 건 그 사람에 대한 나의 두려움과 분노였다.

이제는 이 마음을 온전히 받아들이고 내려놓자. 그 사람을 위해서가 아니라 나 자신을 위해 받아들이고 용서하자. 다 털어버리고 내 갈 길 가자."

폭행 가해자는 합당한 처벌을 받아야 하지만, 그것과는 별개로 그 사람 때문에 상처받고 망가진 내 마음을 위로하는 것도 반드시 필요하다. 각자의 상황에 맞게 응어리진 마음이 풀릴 때까지 꾸준히 EFT를 해보자. 오로지 나 자신을 위해 그때의 기억으로부터 완전히 자유로워지자.

지도자에 대한 불만 풀어내기

우리나라 학교 운동부의 수직적인 분위기에선 코치, 감독님들과 편하게 대화하기란 참 어려운 일이다. 무조건 말을 잘 들어야 하고, 잘 듣는 척을 해야 하고, 눈 밖에 나는 행동을 하면 폭언을 듣기도 한다. 운동 외적인 이유로 차별받고 혼나는 일도 많다. 그 과정에서 선수의 마음에는 온갖 불만과 원망이 쌓이고 이는 경기력 저하로 연결된다. (물론 선수들을 잘 이끌어주는 훌륭한 지도자도 많지만, 이 장에서는 몇몇 강압적이고 폭력적인 지도자에 의해 마음에 쌓인 불만을 풀어내 보자.)

아무도 없는 공간에서 타점을 두드리며 큰소리를 내거나 욕을 해도 된다. 마음이 후련해질 때까지 속시원하게 풀어내자. 감정이 너무 복받쳐서 힘들 때는 손날 타점을 생략하고 얼굴 타점만 가볍게 마사지하며 넋두리하듯 EFT를 해도 된다.

손날 타점

"나는 코치, 감독님에 대한 원망스러운 감정이 마음에 가득하지만, 이런 나를 마음속 깊이 이해하고 받아들이고 사랑한다."

"나는 항상 혼내고 지적하는 코치, 감독님이 너무 싫고 짜증 나지만, 이런 나를 마음속 깊이 이해하고 받아들이고 사랑한다."

"나는 이런 마음을 제대로 분출하지도 못하고 항상 참고 운동해야 하지만, 그래서 답답해 미칠 것 같지만, 이런 나를 이제는 마음속 깊이 이해하고 받아들이고 사랑한다."

얼굴 타점

"너무 싫다. 강압적인 분위기도 싫고, 긴장되고 심각한 분위기에서 운동해야 하는 것도 지치고 힘들다. 실수하면 항상 욕하고 혼내는 감독님이 너무 밉다. 편안한 분위기에서 하면 잘할 수 있을 것 같은데, 왜 항상 욕먹고 꾸중 들어야 하는지 이해가 안 간다. 내가 실수를 하고 싶어서 하나, 못하고 싶어서 못하나, 아프고 싶어서 아프나, 죄짓는 것처럼 항상 죄책감 느끼며 운동하는 것도 더이상 못 하겠다. 너무 화나고 답답하고 억울하고 지쳐서 다 때려치우고 싶다. 어디 속 시원하게 이야기할 곳도 없어서 너무 답답하고 힘들다."

"왜 나한테만 그럴까, 내가 뭘 잘못했다고 왜 나만 못살게 굴까, 너무 억울하고 분하다. 운동에만 집중하고 싶은데 운동 외적으로 지적하고, 애들 앞에서 대놓고 비교하고 무시하는 코치님 때문에 너무 분하고 답답하다. 내가 감정 쓰레기통도 아니고 왜 자기감정을 나한테 푸는지 도무지 이해가 안 된다. 제발 그만하라고, 나 좀 내버려 두라고, 당신이나 잘하라고 소리 지르고 싶은데 말 한마디 못하고 참아야 하는 게 너무 답답하고 미칠 거 같다. 이런 나를 마음속 깊이 진심으로 이해하고 받아들이고 사랑한다."

"내 의견은 완전히 무시하고 물건 찍어내듯 나를 개조하려는 지도방법에 너무 화가 난다. 내가 생각한 대로 하면 잘할 것 같은데, 네가 뭘 아냐고, 그렇게 하면 망한다고 욕하고 경멸하는 말투에 운동하고 싶은 의지까지 사라진다. 분노와 답답함이 이제는 참을 수 없는 지경까지 차오르지만, 이 마음을 온전히 인정하고 받아들인다. 너무 지치고 무기력하지만, 이런 나를 마음속 깊이 진심으로 위로하고 사랑한다."

"왜 그렇게 나를 혹사해야 했나. 팀 성적을 위해서 내 건강은 안중에도 없었던 감독님만 생각하면 너무 화가 나고 답답하다. 아파 죽겠는데 정신력이 약하다고 소리만 지르고 무조건 참으라고 했던 감독님이 너무 원망스럽다. 조금만 쉬었더라면, 재활만 제대로 했더라면 이렇게까지 되진 않았을 텐데 너무 분하고 한이 된다. 아플 때마다 고함치는 목소리가 생각나서 너무 괴롭고 힘들다. 부상 때문에 앞으로 선수 생활을 제대로 할 수 있을까 너무 걱정되고 답답하지만, 이런 나를 이제는 마음속 깊이 진심으로 이해하고 받아들이고 사랑한다."

"바뀌지 않는 사람들을 원망하는 것보다 그저 내 마음을 내려놓는 게 더 쉽고 빠를 것 같다. 쓸데없는 말 한마디에 감정적으로 빠져들지 말자. 차라리 한 귀로 듣고 한 귀로 흘려보내자. 나에게 도움이 되는 내용만 받아들이고, 나머지는 무심하게 흘려보내자."

여기서 잠깐! 우리 뇌는 위협적인 상황에서 어떻게 반응할까?

　이를 설명하기 위해서 우선 인간의 뇌가 어떻게 형성되어 왔는지를 한 번 살펴보자.* 신경 과학 분야의 개척자 중 한 명인 폴 맥클린(Paul MacLean)은 뇌를 발생학적 관점에서 세 가지 영역으로 나누어 설명했다.

　먼저 뇌에서 가장 원시적인 부분이자 태어날 때부터 이미 활성화되어 있는 부위는 파충류의 뇌(reptilian brain)라고 불리는 곳이다. 이 부분은 척수가 두개골과 만나는 지점에 바로 위 뇌간(brainstem)에 위치한다. 파충류의 뇌는 우리가 숨 쉬고, 먹고, 자고, 배설하는 등 살아가는데 필요한 가장 기본적인 욕구를 담당한다. 또한, 내장기관과 함께 내분비계와 신체의 에너지 수준을 조절한다.

　파충류의 뇌 바로 위에는 변연계가 있다. 포유류의 뇌(limbic system)로도 알려진 이 부위는 무리 지어 사는 동물 모두가 가지고 있다. 위험을 감지하고 생존을 위해서 우리가 어떻게 해야 하는지 알려주고, 두려움과 즐거움 등의 감정을 구분하는 중추적인 역할을 한다. 변연계 내에 자리한 편도체(amygdala)는 시상(thalamus)을 통해 유입된 정보를 생존과 관련 있는지 확인하는 일종의 '화재경보기' 역할을 한다. 위협 신호를 감지하면 이를 신체에 빠르게 전달해 대응태세를 갖추게 한다. 이 과정은 굉장히 신속하고 무의식적으로 이루어지기 때문에 마음대로 조절하기 어렵다. 생명에 위협이 가해지는 상황에서 모든 정보를 분석하고 행동하면 늦기 때문이다. 파충류의 뇌와 포유류의 뇌가 합쳐져 우리의 정서를 전반적으로 관리하는 시스템이 구성된다. 이 시스템은 우리가 위험한 상황을 마주했을 때 싸우거나 도망갈 것인지(싸움-도주 반응)를 판단한다.

　마지막으로 역사상 가장 마지막에 발달하였고, 뇌 윗부분을 덮고 있는 신피

---

* 트라우마 분야의 세계적인 권위자인 베셀 반 데어 콜크(Bessel van der Kolk)의 책 'The Body Keeps the Score: Brain, Mind, and Body in the Healing of Trauma(Penguin Books, 2014)'을 참고했다.

질(neo-cortex)이다. 이는 포유동물 중에서 인간을 가장 독특하고 똑똑하게 만들어주는 역할을 한다. 신피질 중 대뇌반구 앞쪽을 차지하고 있는 전두엽(frontal lobe)은 삶을 살아가는데 필요한 정보를 흡수, 통합하며 이성적인 사고를 가능하게 한다. 또한, 다른 사람들의 의견에 공감하고 사회 구성원으로서 체계화된 삶을 살 수 있도록 하는 '이성적인 뇌 시스템'의 역할을 한다.

기본적으로 두 시스템은 균형을 이루며 우리의 생존을 보존하고 삶의 질을 높인다. 먼저 정서적인 부분을 담당하는 뇌 부위는 시상에서 유입된 정보를 이성적인 뇌보다 빠르게 전달받아 포괄적인 판단을 내린다. 그에 반해 이성적인 뇌는 대상을 자세히 분석하며 계획을 세운다. 뱀을 보고 깜짝 놀라 뒤로 물러섰지만, 나뭇가지라는 것을 알고 안심했다고 해보자. 정서적인 뇌 시스템은 내 생명을 위협할 수 있는 뱀의 형상을 보고 빠르게 몸에 신호를 보내 행동을 취하게 했지만, 이성적인 뇌는 그 형상을 분석하며 나에게 실제 위협이 되지 않는다고 판단해 몸을 안심시킨다. 전두엽을 통해 무슨 일이 일어났는지 파악할 즈음에는, 편도체의 신호를 받은 우리 몸은 이미 그 상황에 대응을 시작한 상태인 것이다.

이처럼 우리는 생존에 유리한 방향으로 진화한 뇌의 기능에 따라 삶에 위협이 되는 요소를 만나면 그것을 해결하려고 한다. 혼자 해결할 수 없을 땐 주변의 도움을 요청하며 전략을 찾아 나선다. 하지만 이 모든 방법이 소용없을 때, 뇌에서는 마지막 응급 시스템이 활성화된다. 바로 얼어붙기(동결반응)이다. 위협적인 상황에서 자신을 떼어내려고 하고, 그에 따라 신체 전반적인 대사작용이 대폭 감소한다. 심장 박동은 느려지고 호흡이 얕아지며 소화계는 기능을 멈추거나 배출(공포에 질려 오줌을 지리는 것과 같이)을 유도한다. 근육은 경직되고 인지 기능 또한 떨어져 신체의 감각과 고통을 잘 느끼지 못한다. 학대 피해 아동이나 만성트라우마 환자들에게서 이런 모습을 자주 볼 수 있는데, 자신에게 일어나는 일을 잘 알아차리지 못하고 무기력하고 멍하게 서 있는 경우가 많다.

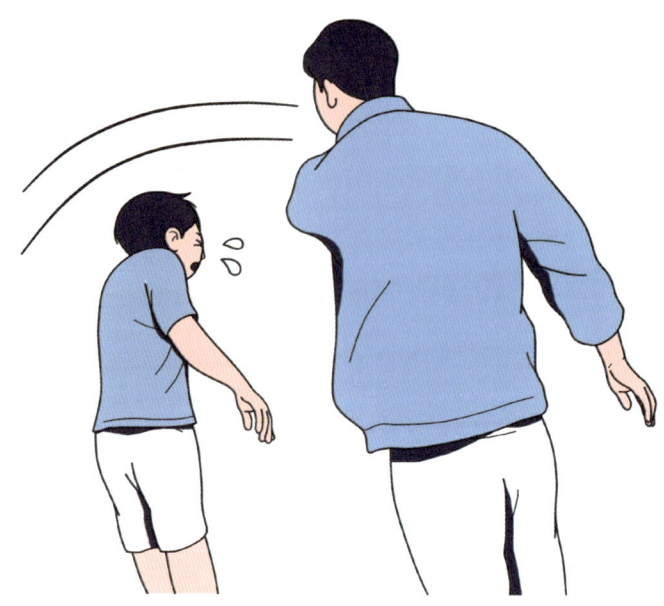

이 같은 모습은 스포츠를 하는 학생선수들에게도 볼 수 있다. 보통 선수들은 10살 전후로 운동을 시작한다. 이전까지 친구들과 놀이터에서 해맑게 놀던 아이들은 다소 폭력적이고 강압적인 선수반 분위기에 들어서며 큰 위협을 느낀다. 실수하면 온갖 폭력과 폭언, 얼차려를 받으며 반항 한번 하지 못하고 그 자리에서 얼어붙는다. 힘들다는 도움 신호를 보내지만, 성공하려면 무조건 참고 견뎌야 한다는 설득에 못 이겨 다시 운동장으로 보내진다. 위협적인 상황이 계속 닥쳐도(선수반 운동이 생존에 위협이 될만한 요소는 아니지만, 아이들의 뇌는 그것을 구분하지 못한다.) 훈련이나 시합 중에 선수들이 택할 수 있는 방법은 매우 한정적이다. 감히 대들거나 도망가지 못하고 온몸으로 맞닥뜨려야 한다. 이런 경험이 반복되다 보면 선수들의 정서적-이성적인 뇌 시스템 균형은 서서히 깨지고, 감정 조절이 어려워진다. 시간이 흘러 그 상황에서 벗어나도 과거 공포에 얼어붙었던 순간과 비슷한 환경에 처하면 몸은 자동으로 경직되고 움츠러든다. 구석에서 나를 쳐다보는 사람이 예전 자신에게 심한 폭력을 행사했던 사람과 비슷한 형상이라면, 그것이 진짜 그 사람인지를 판단하기 전에 몸은 이미 방어태세를 갖추며 불안해한다. 시합에서 자신 있게 뛰자고 아무리 자신을 설득해도, 무의식 깊숙이 박힌 두려움의 기억은 섬광처럼 번뜩이며 선수의 움직임을 방해한다.

EFT 기법이 유용한 이유가 바로 여기 있다. 정서적인 부분에서 치유가 일어나면 생각은 자연스레 긍정적으로 바뀐다. 아무도 욕하지 않으니 편하게 뛰라고 백번 설득하는 것보다, 그와 관련된 과거 공포 기억(두려움에 얼어붙었던)을 지우면 플레이는 자연스레 편안해지기 때문이다.

실습하기 폭력과 폭언, 지도자에 대한 원망스러운 마음을 풀어보자.

6

실전을 위한
강한 멘탈 키우기

나는 긴장감 속에서 더욱 성장한다.

운동선수라면 누구나 중요한 시합을 앞두고 긴장감을 느낀다. 가슴이 두근거리고 손과 발이 떨릴 수 있고, 식은땀이 나면서 입술이 바짝 마르고 소화가 안 되기도 한다. 상담하면서 선수들에게 많이 듣는 말이 있다.

"경기장의 모든 사람이 나를 쳐다보니까 긴장돼 죽을 것 같습니다."
"긴장하지 말자고 아무리 다짐해도 가슴은 미친 듯이 두근거리고 호흡도 가빠져요. 손발이 떨려 불안해 죽겠습니다. 긴장을 좀 안하고 싶은데 방법이 없을까요?"

하지만 과연 긴장으로 인한 몸의 변화들이 선수들에게 부정적일까? 아니면 긴장을 부정적으로 인식하는 것이 더 문제일까? 오히려 긴장감을 떨쳐내려고

할수록 불안과 두려움이 엄습하는 경우가 많다. 사실 시합에서 겪는 이러한 스트레스 반응은 어려운 상황을 좀 더 잘 대처하기 위한 우리 몸의 자연스러운 생리 반응이다. 인간은 수 천만년 전부터 맹수로부터 살아남기 위해 환경에 적응해왔다. 위협이 느껴지면 싸울 것인지(혹은 도망갈 것인지) 선택하며 신속하게 대응했다. 심장은 몸의 수행 능력을 올리기 위해 평소보다 더 많은 혈액과 산소를 근육으로 보낸다. 이로 인해 심장박동은 빨라지고 호흡은 가빠진다. 선명한 시야를 확보하기 위해 동공은 확장되고, 신체는 몸이 과열되는 걸 막기 위해 땀을 배출한다. 팔다리가 떨리는 이유는 뇌가 운동뉴런을 통해 말단부로 더 빠른 운동 신호를 보냄으로써 상황에 신속하게 대응하기 위함이다.

이처럼 긴장은 선수가 시합이라는 압박감의 상황에서 더욱 뛰어난 기량을 발휘하기 위한 몸의 정상적인 반응인 것이다.* 책 '거만한 놈들이 세상을 바꾼다'의 저자 존 엘리엇은 각 분야에서 위대한 업적을 낸 수천 명을 연구한 결과 '메스껍고 심장이 떨리는 긴장된 순간이 바로 무한 성취를 이룰 수 있는 기회이자 전환점'이라고 말한다.

위대한 업적을 남긴 스포츠 스타들은 이러한 원리를 잘 활용했다. 골프 황제 타이거 우즈는 '시합 첫 라운드에서 긴장하지 않는 날은 골프를 그만두는 날'이라고 한만큼 긴장감을 긍정적으로 인식했다. 맨체스터 유나이티드를 28년간 이끌면서 수많은 우승을 일궈낸 알렉스 퍼거슨 감독 또한 자신도 매 경기 긴장되는 것은 어쩔 수 없는 일이라 말한 바 있다. 특히 그는 적절한 긴장감을 조성하여 선수들이 최상의 잠재력을 발휘할 수 있도록 한 탁월한 분위기 메이커였다. 농구 황제 마이클 조던 또한 중요한 경기일수록 몸에서 일어나는 흥분과 긴장의 느낌을 자신의 기량을 폭발시킬 수 있는 연료로 잘 활용했다. 그는 자신을 자극하는 요인을 일부러 찾아다니는 것으로 유명했다.

---

*존 엘리엇. 책 거만한 놈들이 세상을 바꾼다. 김원욱 역. 한언(2005). p54

이처럼 긴장감을 어떻게 인식하느냐에 따라서 그 결과가 달라질 수 있다. 긴장을 억지로 풀려고 하기보단, 허용하고 받아들이며 더욱 좋은 기량을 내는 데 활용해보자.

손날 타점

"나는 긴장할 때마다 시합을 망칠 것 같아서 불안하고 걱정되지만, 이런 나를 마음속 깊이 이해하고 받아들인다."

"나는 긴장하면 안 된다는 생각에 시합 때마다 긴장을 억누르려고 안간힘을 썼지만, 그럴수록 더 긴장되고 불안해졌지만, 이제 이런 나를 마음속 깊이 받아들이고 내려놓는다."

"나는 시합을 망칠 때마다 긴장이 그 원인이라 생각하고 긴장 자체를 거부하고 살았지만, 이제 이런 나를 마음속 깊이 이해하고 받아들이고 사랑한다."

얼굴 타점

"나는 시합 때마다 절대 긴장하면 안 된다고 생각했다. 어떻게든 긴장을 풀려고 안간힘을 썼다. 시합에서 좋지 않은 결과를 냈을 때, 그 원인이 과도한 긴장과 압박감이라 생각했다. 가슴이 두근거릴 때마다 큰일 날 거처럼 걱정했고, 호흡이 가빠질 때마다 불길한 예감에 사로잡혔다. 손발이 떨릴 때마다 마치 시합을 망친 것처럼 좌절했지만, 이런 나를 마음속 깊이 진심으로 받아들인다."

"이제 나는 긴장할 때의 몸의 반응들이 나를 도와주는 신호라는 것을 안다. 내 몸이 더 좋은 기량을 발휘하기 위해 상황에 맞게 작동하고 있다는 것을 잘 알고 있다. 그러니 이제 이 느낌을 온전히 허용하고 받아들이자. 몸으로 느끼자. 그리고 최고의 기량을 낼 수 있는 좋은 연료로 쓰자. 나는 이 긴장감 속에서 더욱 성장하고 강해진다."

"심장이 뛸 때마다 얼마나 불안했니? 호흡이 가빠질 때마다 경기를 망칠 거 같아서 많이 걱정했지? 괜찮아. 이런 몸의 반응들은 다 너를 도와주기 위해 일어나는 거야. 허용하고 받아들이자. 억누르지 말고 온전히 느껴주자. 오히려 더 좋은 기량을 낼 수 있을 거야. 이 느낌을 통해 나는 더 성장하고 있어."

여기서 잠깐! 생각을 억누르면 더 생각나는 이유

인간의 의지와 정신적 통제 연구에 관한 저명한 사회심리학자 대니얼 웨그너(Daniel Wegner) 교수는 그의 저서*에서 생각을 억누를수록 우리는 오히려 그 생각에 더 집착하게 된다고 말한다. 그는 한 실험에서 참가자들에게 하얀색 곰을 5분간 생각하지 말라고 지시한다. 하지만 그 말을 들은 참가자들은 머릿속에 하얀 곰이 계속 생각나고 오히려 더 집착하는 모습을 볼 수 있었다. 생각은 무의식적으로 일어나기 때문에 우리가 통제할 수 없고 억누를수록 더욱 그 생각을 끌어당기기 때문이다. 그는 이러한 현상을 역설적 정신과정(ironic mental processes)이라고 말한다. 이는 멘탈적인 문제를 앓는 스포츠선수들에게도 자주 일어난다.

"과거는 잊고 현재에만 집중해!"
"긴장하면 안 돼. 긴장 풀어!"
"놓치면 안 돼! 뒤처지면 안 돼! 실수하지 마!!"

"실수하지 말자"는 생각은 실수를 더욱 생각나게 할 뿐이다. 대신 "현재 플레이에만 집중하자" 등으로 표현하는 게 좋다. "공을 뺏기지 말라"는 강압적인 지시보다는 "끝까지 공을 지키자"는 긍정적인 권유가 선수의 마음을 더 잘 움직일 수 있다.

---

* Wegner, D.M., White bears and other unwanted thoughts : suppression, obsession, and the psychology of mental control, 1994

무(無) 판단의 상태를 유지하자.

무판단이 최고의 판단이다.

 선수들의 마음속에 요동치는 감정은 상황을 판단하는 것에서 출발하는 경우가 많다. 자신의 과거 경험이나 고정관념에 비추어 "이렇게 되어야 해." "~하면 안 돼" 등의 해석으로 온갖 생각과 감정을 만들어낸다. 판단은 (그것이 실제 일어나는 일이 아닐지라도) 선수가 반응하고 행동하는 가장 중추적인 기준점이 되는 것이다. 반대로 판단하지 않으면(멋대로 해석하지 않으면) 감정과 생각에 휘둘리지 않게 되고, 무심한 마음으로 상황에 적절한 대응이 가능하다. 예를 들어보자.

 "예전에 결정적인 실수를 했던 순간과 비슷한 상황이네. 또 그때처럼 실수하면 어떡하지? 또 찬스를 살리지 못해서 팀에 피해끼치면 어떡하지? 사람들이 나를 어떻게 바라볼까? 욕하고 무시하진 않을까? 감독님이 나를 이제 엔트리에 써주지 않으면 어떡해? 불안하고 생각이 많아지네.. 이러면 안 되는데.. 휴.. 일단 우선 열심히 뛰어보자."

▶ **"예전에 결정적인 실수를 했던 순간과 비슷한 상황이네.** 또 그때처럼 실수하면 어떡하지? 또 찬스를 살리지 못해서 팀에 피해끼치면 어떡하지? 사람들이 나를 어떻게 바라볼까? 욕하고 무시하진 않을까? 감독님이 나를 이제 엔트리에 써주지 않으면 어떡해? 불안하고 생각이 많아지네.. 이러면 안 되는데.. 휴.. **일단 우선 열심히 뛰어보자."**

"또 실수가 나왔네. 큰일 났다. 사람들의 시선이 느껴져. 나를 안 좋게 보는 게 분명해. 스카우터들이 나를 어떻게 평가할까? 저번에도 실수했는데.. 실망하면 어떡하지? 관심명단에서 제외하면 나는 어떻게 될까? 이번에도 지명 안되면 끝장인데.. 또 어떻게 그 시간을 참고 견뎌야 할까.. 후.. 가슴이 철렁 내려앉네.. 그래. 우선은 실수를 만회해보자. 어떻게 될진 모르겠지만, 힘이 닿는 데까지 악착같이 뛰자. 할 수 있어. 괜찮아."

▶**"또 실수가 나왔네.** 큰일 났다. 사람들의 시선이 느껴져. 나를 안 좋게 보는 게 분명해. 스카우터들이 나를 어떻게 평가할까? 저번에도 실수했는데.. 실망하면 어떡하지? 관심명단에서 제외하면 나는 어떻게 될까? 이번에도 지명 안되면 끝장인데.. 또 어떻게 그 시간을 참고 견뎌야 할까.. 후.. 가슴이 철렁 내려앉네.. **그래. 우선은 실수를 만회해보자. 어떻게 될진 모르겠지만, 힘이 닿는 데까지 악착같이 뛰자. 할 수 있어. 괜찮아."**

"감독님의 표정이 안 좋네. 혹시 무슨 일 있으신가? 아니면 지금 내가 연습하는 게 마음에 안 드시나? 혹시 저번에 감독님이 알려주신 대로 하지 않아서 그런가? 혼나면 어떡하지? 아.. 계속 신경쓰이고 불안하네.."

▶ "감독님의 표정이 안 좋네. 혹시 무슨 일 있으신가? 아니면 지금 내가 연습하는 게 마음에 안 드시나? 혹시 저번에 감독님이 알려주신 대로 하지 않아서 그런가? 혼나면 어떡하지? 아.. 계속 신경쓰이고 불안하네.. 그냥 내꺼 하자."

"수비하기 까다로운 선수네. 놓치면 어떡하지? 표정이 왜 저래? 왜 저리 난폭하고 몸싸움이 거칠어? 나를 무시하는 건가? 그렇다면 너무 화가 나. 몸싸움으로 보여줘야겠어. 파울이라도 해서 기 싸움에서 지면 안 돼. 감히 나를 무시해? 어디 덤벼봐. 끝까지 막아주겠어."

▶ "수비하기 까다로운 선수네. 놓치면 어떡하지? 표정이 왜 저래? 왜 저리 난폭하고 몸싸움이 거칠어? 나를 무시하는 건가? 그렇다면 너무 화가 나. 몸싸움으로 보여줘야겠어. 파울이라도 해서 기 싸움에서 지면 안 돼. 감히 나를 무시해? 어디 덤벼봐. 끝까지 막아주겠어."

현재 일어나고 있는 일에 나의 판단을 덧붙이지 말자. 컨트롤 할 수 없는 생각과 감정이 올라온다면 EFT 타점을 두드리며 크게 심호흡을 해보자. 들숨과 날숨에 집중하며 공기의 순환을 가만히 느껴보자. 특히 숨을 천천히 내쉬면 부교감 신경(교감신경과 협력하여 우리 몸의 에너지를 절약하는 기능)이 활성화되면서 심장박동수가 진정된다. 순간에 생기는 모든 판단은 내려놓고 상황을 있는 그대로 바라보면, 한결 편한 마음으로 경기에 임할 수 있을 것이다.

나의 강점을 생각하자.

모든 선수는 자신만의 특성과 장점이 있다. 이것을 인지하지 못하고 남들의 잘난 점만 보려니 항상 우울하고 박탈감을 느낀다. 프로선수나 국가대표가 되는 선수들은 자신만의 고유한 특기를 최대한 살린 선수들이다. 만약 그들이 동료들의 잘난 점만을 부러워하며 자신만의 무기를 만들지 못했다면, 그 자리까지 올라갈 수 없었을 것이다.

나의 장점, 내가 가진 것, 감사할 일 등을 적고 매일 한 번 이상 낭독해보자. 이를 바탕으로 나만의 방식으로, 나만의 무기를 만들어 성공할 것이라 다짐해 보자. 시합에서는 나의 강점만을 생각하며 자신 있게 플레이하는 것이 좋다.

다짐
나는 나만의 방식과 장점으로, 나만의 플레이를 만들어나간다.

예시)
1. 나는 스피드가 좋다.
2. 나는 개인기와 드리블에 자신이 있다.
3. 나는 위치선정과 골 결정력이 좋다.
4. 나는 주변 시야가 좋아서 패스를 잘한다.
5. 나는 프리킥에서만큼은 누구보다 자신이 있다.
6. 나는 EFT 기법을 활용해 감정을 잘 조절할 수 있다.
7. 나는 리더쉽이 좋고, 팀원들의 마음을 하나로 잘 만든다.
8. 나를 물심양면 지원해 주시는 부모님이 있어 항상 감사하다.
9. 내가 힘들 때 믿고 의지할 수 있는 주변 사람들이 있어 감사하다.

실습하기 나의 장점, 감사한 일 등을 적고 매일 3번 이상 되내어보자.

- [ ] _____
- [ ] _____
- [ ] _____
- [ ] _____
- [ ] _____
- [ ] _____
- [ ] _____
- [ ] _____
- [ ] _____
- [ ] _____
- [ ] _____
- [ ] _____
- [ ] _____
- [ ] _____

긍정 확언과 상상

나는 매일 모든 면에서 점점 더 좋아진다.

이전 장까지의 내용을 통해 마음속 억눌린 감정들이 많이 풀렸다면, 긍정 확언을 통해 새로운 나를 만들어나가는 것이 필요하다. 아래는 각 파트 별 확언(자기암시) 문장들을 모아놓은 것이다. 참고해서 자기만의 확언을 만들어보자. 그리고 그에 맞는 모습을 생생하게 상상해보자.

나는 모든 면에서 점점 더 좋아진다.
나는 매일 매일 모든 면에서 발전한다.
현재 직면한 문제는 점점 더 좋은 방향으로 풀린다.
나는 언제나 내 편이다. 나는 언제나 나를 믿고 지지한다.

나는 시합에서 이기든 지든, 실수하든 안 하든, 나는 나를 믿고 사랑한다.
나는 세상의 지지를 받고 있다. 하나님의 사랑과 보살핌을 받고 있다.
내가 어떤 짓을 하건 나를 싫어하는 사람은 반드시 존재한다.
나는 사람들에게 욕먹고 미움받아도, 나는 언제나 내 편이다.
나는 사람들의 비난과 미움에 익숙하다. 미움받을 용기가 충분하다.
나는 실수할수록 발전한다. 실수를 다 오픈하고 보여준다.
내 실수로 팀에 피해가 가도 나는 충분히 괜찮고 안전하다.
나는 자존심, 수치심을 다 내려놓고 무심하게 운동한다.

나는 실수하는 모습을 당당하게 보여준다. 다 오픈하고 자신있게 된다.
결점은 내가 그것을 부끄러워할 때 생긴다. 내버려 둔다.
나는 때론 선수답지 못한 모습을 보여줄 때도 있다.
나는 때론 보잘것없는 선수가 될 때도 있다. 주변 동료들에 비해 한없이 초라해질 때도 있다.
그럴 때마다 나는 나를 믿고 묵묵히 기다린다. 시련은 때가 되면 지나간다.
흔들리지 않고 피는 꽃이 어디 있으랴. 나는 시련을 통해 더욱 강해진다.
모든 꽃이 봄에만 필 순 없다. 때를 기다린다.
실패는 없다. 아직 되지 않았을 뿐. 힘닿는 데까지 끝까지 도전한다.

긴장은 몸의 자연스러운 반응이다. 온전히 허용하고 받아들인다.
나는 긴장과 압박 속에서 더 좋은 결과를 낸다.
압박과 스트레스는 나를 더욱 발전시킨다.
나는 결정적인 상황일수록 기량을 더욱 잘 발휘한다.
나는 감정을 잘 컨트롤 한다. 점점 더 쉬워진다. 나는 어떠한 상황에서도 마음을 다스릴 수 있다.

맹목적인 연습은 실패를 부른다. 열심히 연습하지 말고, 똑똑하게 연습하자.

나는 항상 공부하며 발전한다.

나는 쉽고, 재밌고, 즐겁게 축구한다.

내가 할 수 있는 것만큼 천천히 하나씩 해나간다.

나는 나만의 기술을 잘 만들어나간다. 개인기, 슛, 패스, 체력 등 꾸준히 나만의 장점을 마들어나간다.

늦어도 꾸준히 가면 이긴다. 천천히 나만의 내공을 쌓는다.

애쓰지 말자. 무심하게 하나씩 나아가자.

너무 많은 생각은 마비를 부른다.

너무 많은 판단이 시합을 망친다.

무(無)판단이 최고의 판단이다.

시합에선 모든 걸 내려놓고 나의 무의식에 온전히 맡긴다.

나를 힘들게 했던 모든 사건과 사람을 용서하고 내려놓는다.

과거의 상처와 미래의 걱정을 온전히 내려놓는다.

모든 감정을 직면하고 마주하고 받아들인다.

내 앞에 어떤 일이 일어나도 다 괜찮다. 그저 웃고 넘기자.

나는 지금 이 순간을 무심하게 살아간다.

여기서 잠깐! 상상의 힘

미국 클리블랜드 병원 연구소에서는 상상만으로 근력이 좋아질 수 있는지 확인하기 위해 한 실험*을 진행했다. 건장한 청년 30명을 대상으로 총 4그룹으로 나눈다. 먼저 A 그룹(8명)은 상상을 통해 새끼손가락 근육이 단련되는 심상화 훈련을 받았다. 마찬가지로 B 그룹(8명)은 팔꿈치를 굽히는 상상을 통해 근육이 수축되는 모습을 떠올리도록 훈련받았다. C 그룹(8명)은 대조군으로 아무 수행도 하지 않았고, 마지막 D 그룹(6명)은 새끼손가락을 실제로 움직이며 근력 운동을 했다. 이 프로그램은 총 12주 동안 하루에 15분씩, 일주일에 5번 간격으로 진행되었다. 결과는 어떠했을까? 놀랍게도 실제 운동을 하지 않은 A, B 그룹의 근력이 각각 35%(새끼손가락), 13.5%(팔꿈치)가 늘었다. C 그룹(아무런 훈련을 하지 않은 집단)은 아무 변화가 없었고, 실제 운동을 했던 D 그룹은 53%의 근력 변화를 보였다. 상상만으로도(실제 근력 훈련을 한 것만큼은 아니지만) 근력이 강해진 것이다. 이 실험을 통해 연구진들은 상상 훈련이 대뇌 운동피질에서 근육으로 가는 출력 신호를 높이고, 실제 근력을 상승시킨다고 결론을 내었다.

이와 관련해 움직임 재활 전문가 토드 하그로브(Todd Hargrove)는 기술 수행을 상상하는 것은 기술과 관련된 신체지도(몸의 특정 부분을 움직이고 인식하는 데 사용되는 개별적인 뇌의 부분들)에 실제 변화를 일으킨다고 한다. 상상하는 데도 그 움직임을 수행하는 것과 똑같은 신체지도가 사용되기 되기 때문이다. 신경적인 면에서 봤을 때 실제 움직이는 것과 그 움직임을 생각하는 것은 별반 다르지 않다는 것이 그의 설명이다.**

---

* Vinoth K. Ranganathan, Vlodek Siemionow et al, 2004, From mental power to muscle power gaining strength by using the mind, Neuropsychologia, 42, p.944-956.
** Todd Hargrove, 움직임을 위한 가이드, 김지용,차민기, 황현지 옮김, 대성의학사(2014).

그렇다면 상상을 통해 훌륭한 성과를 낸 선수들을 한 번 살펴보자. 근대 5종 종목에서 세계기록을 보유하고 있었던 미국의 마릴린 킹(Marylin King)은 1980년 모스크바 올림픽의 유력한 금메달 후보였다. 하지만 선수 선발을 얼마 앞두고 일어난 자동차 사고로 심각한 허리 부상을 입게 된다. 제대로 걸을 수조차 없게 된 그녀는 절망 속에서도 희망의 끈을 놓지 않았다. 재활훈련에 매진하면서도 휠체어에 앉아 매일 올림픽 메달리스트가 되는 상상을 했다.

"근대 5종 세계기록 보유자들의 영상을 구해서 매일 돌려봤습니다. 그들이 플레이하는 영상을 하나하나 천천히 돌려보며, 마치 제가 하는 것처럼 느껴질 때까지 반복적으로 상상했어요. 정말 지긋지긋할 때까지 머릿속에 이미지를 그렸습니다. 실제 운동장에 가서도 하루에 3~4시간을 상상 훈련을 하며 스스로에게 암시했습니다. '나는 매일매일 점점 더 좋아지고 있다. 나는 올림픽 선발전에서 반드시 3등 안에 든다.'"*

실제 그녀는 올림픽 선발전 직전까지 무려 7개월가량을 상상 훈련에만 매진했고, 자신의 확언한 대로 결국 2등으로 올림픽 출전권을 따내게 된다. (당시 미국의 1980년 모스크바 올림픽 보이콧 선언으로 그녀는 올림픽은 참전할 수 없었다. 하지만 실제 훈련 없이 오직 이미지 트레이닝만으로 그런 성과를 낸 것은 상상의 효과를 잘 보여준 사례이다). 현재 그녀는 자신의 경험을 토대로 미국 전역에서 긍정 상상, 이미지 트레이닝의 효과를 알리는 일을 하고 있다. 이 외에도 올림픽 역사상 가장 많은 금메달을 보유한 '수영의 신' 마이클 펠프(Michael Fred Phelps)와 '역도 여제' 장미란, 유도 '한판승의 사나이' 이원희 등 각 종목 챔

---

* https://www.bettermanager.us, 'Olympian Marilyn King On Using Visualization', Marilyn King의 인터뷰 기사 참고.

피언들이 이미지 트레이닝을 통해 금메달을 따는데 큰 효과를 보았다고 증언한다.

보통 선수들은 훈련을 하지 못하는 상황에 처하면 실전 감각이 사라질까 불안을 느낀다. 하지만, 앞서 말한 대로 상상의 힘은 우리의 생각보다 훨씬 강하다. 단순 플레이하는 모습을 시각적으로 그리는 것뿐만 아니라 슛 동작의 느낌, 패스 속도, 공의 궤적, 상대 수비수를 돌파할 때의 정교한 발놀림 등 오감을 활용해 생생하게 그리다보면, 실전에서 훨씬 더 익숙하게 플레이를 할 수 있을 것이다.

〈미래의 나의 모습을 생생하게 상상하고 느껴보자.〉

실습하기 나만의 긍정 확언(자기 암시) 문장을 만들어보자.

- [ ]
- [ ]
- [ ]
- [ ]
- [ ]
- [ ]
- [ ]
- [ ]
- [ ]
- [ ]
- [ ]
- [ ]
- [ ]
- [ ]

실습하기 내가 원하는 모습을 생생하게 느끼고 그려보자.

아래 그림의 윤곽선을 따라 그리며 자신있게 슈팅하는 모습을 생생하게 느껴보자.

실습하기 　내가 원하는 모습을 생생하게 느끼고 그려보자.

수비수들 사이로 자신있게 돌파하는 모습을 생생하게 느끼며 그려보자.

실습하기 내가 원하는 모습을 생생하게 느끼고 그려보자.

자신있게 드리블 하는 모습을 생생히 느끼며 그려보자.

실습하기 내가 원하는 모습을 생생하게 느끼고 그려보자.

세트피스 상황에서 자신있게 플레이하는 모습을 생생하게 느끼며 그려보자.

> **실습하기** 내가 원하는 모습을 생생하게 느끼고 그려보자.

차고싶은 프리킥 궤적을 생생히 느끼며 그려보자.

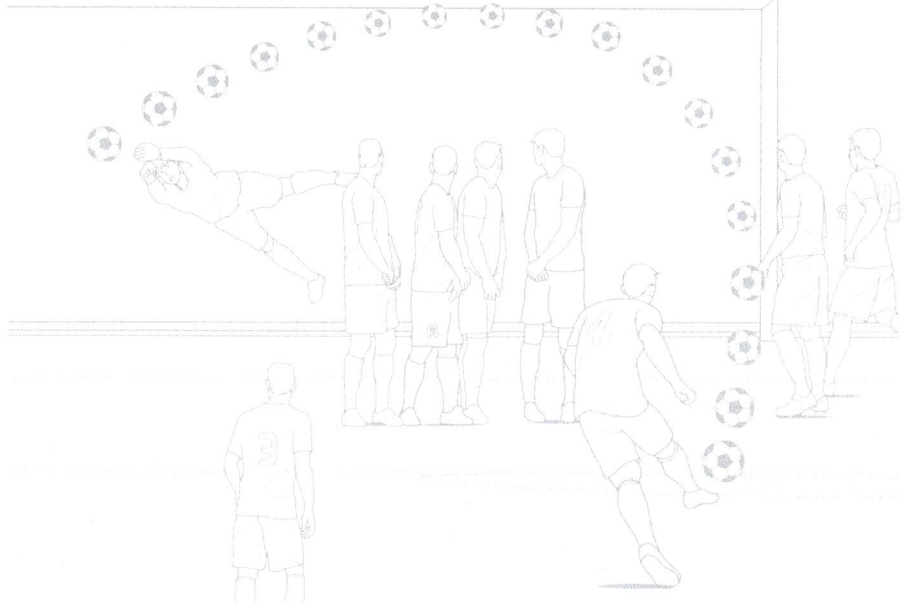

실습하기 내가 원하는 모습을 생생하게 느끼고 그려보자.

자신있게 슈팅하는 모습을 생생히 느끼며 그려보자.

| **실습하기** | 내가 원하는 모습을 생생하게 느끼고 그려보자.

어려운 공을 선방하는 내 모습을 생생하게 느끼고 그려보자.

> **실습하기** 내가 원하는 모습을 생생하게 느끼고 그려보자.

큰 무대에서 활약하고 있는 미래의 내 모습을 생생하게 느끼며 그려보자.

실습하기 내가 원하는 모습을 생생하게 느끼고 그려보자.

대회에서 우승하는 나의 모습을 생생하게 느끼며 그려보자

7

부모님, 지도자의 마음치유

부모님 편

부모님들을 위한 마음치유 EFT

자식 운동시키는 부모 마음은 누가 치유해주나요?

상담을 하다 보면 선수들만큼 선수 부모님의 마음 상처 또한 크다는 것을 알 수 있습니다. 어쩌면 진짜 위로받고 치유가 필요한 사람은 부모님일지도 모릅니다. 매번 경기장을 따라다니면서 자녀의 모습을 보며 겪는 감정의 부침, 지도자에게 받는 상처, 동료 학부모들과의 갈등.. 이 장은 오롯이 부모님을 위한 마음챙김 파트입니다.

아래는 실제 운동선수 부모님들이 자주 겪는 문제들입니다. 타점을 두드리며 넋두리하듯 읽어나가셔도 좋습니다. 마음에 쌓여있는 감정을 억누르지 말고, 온전히 느끼며 다 풀어내 보세요. 응어리진 감정이 풀릴 때까지 꾸준히 EFT를 하다 보면, 한결 편안해진 마음을 느끼실 수 있을 겁니다.

● 아이의 성적이 부모님 노력을 보상하지 못한다고 느낄 때

"삶의 많은 부분을 포기하고 아이 뒷바라지를 하는데, 운동하기 싫다고 투정하는 아이 모습을 보면 너무 분하고 억울할 때가 많아요."
"아이의 성적이 곧 제 위치를 보여준다고 생각해, 실수하거나 못할 때마다 너무 화나고 답답합니다. 감정을 주체하기가 어렵네요."
"얼마나 훈련했는데 왜 저걸 못할까, 기회가 왔는데 왜 살리지 못할까, 왜 저렇게 실수를 할까, 왜 시합만 되면 자신감이 사라질까.. 집에 오면 왜 핸드폰만 부여잡고 있을까.. 내려놓고 지켜보는 게 부모 역할이라곤 하지만, 너무 답답해서 아이에게 상처가 되는 말을 할 때가 많아요. 그러면 또 뒤돌아서서 후회하고.. 아이보다 제 마음 조절이 우선인데 그게 잘 안 되네요."

손날 타점

"나는 많은 걸 포기하고 아이에게 투자하는데, 아이가 내 마음을 몰라줄 때마다 너무 서운하고 답답하지만, 이런 나를 마음속 깊이 이해하고 받아들인다."

"나는 아이가 못하면 내가 못하는 것처럼 느껴져 한마디 하고 싶은 마음이 굴뚝같지만, 이런 나를 마음속 깊이 이해하고 받아들이고 사랑한다."

"내가 이렇게나 고생하는 데 아이는 왜 잘 못 할까, 왜 더 노력을 안 할까, 내가 고생한 만큼 보상받아야 한다는 생각에 성적을 못 낼 때마다 너무 화가 나고 답답하지만, 이런 나를 마음속 깊이 이해하고 받아들이고 사랑한다."

얼굴 타점

"내 노력을 아이가 몰라줄 때마다 너무 답답하고 서운하다. 삶의 많은 부분을 포기하고 뒷바라지하는데, 온갖 수모를 견디며 버티는데 왜 아이는 성적을 못 낼까, 왜 더 노력을 안 할까, 왜 부모에게 그렇게밖에 말하지 못할까.. 내가 고생한 만큼 아이도 좋은 성적을 냈으면 하는데 그러지 못할 때마다 너무 답답하고 화가 나지만, 이런 나를 마음속 깊이 진심으로 이해하고 받아들이고 사랑한다."

"아이의 성적이 곧 부모인 나를 보여준다고 생각해 못할 때마다 자존심이 상하고 부끄럽다. 그래서 아이에게 더욱 화가 난다. 많은 시간, 노력, 돈을 투자하는데 그것도 제대로 못 해내는 아이의 모습을 보고 있자니 분하고 답답한 마음이 든다. 화를 참기가 어렵다. 그래서 나도 모르게 한마디 하게 되고, 상처 주고, 뒤돌아서 후회를 반복하지만, 이런 나를 마음속 깊이 이해하고 받아들이고 사랑한다."

"아이를 위해서 조금 더 참고 희생하자고 다짐하지만, 상처받고 썩어 문드러진 내 마음은 누가 위로해 주나. 나도 위로받고 싶고, 인정받고 싶고, 사랑받고 싶다. 누구 하나 내 마음을 알아주는 사람이 없어서 너무 외롭고 쓸쓸하다. 그래서 나도 모르게 아이에게 더 집착하게 된다. 이제 이런 나를 마음속 깊이 이해하고 받아들인다. 힘들고 지친 나 자신을 진심으로 위로하고 사랑한다. 응어리진 감정을 이제는 온전히 내려놓고 흘려보낸다."

● 조급한 마음으로 아이를 몰아붙일 때

"아직 초등학생인 아이에게 충분한 여유를 줘야 하는데, 주변 친구들이 밤늦게까지 레슨하고 앞서나가는 모습을 보니까 불안하고 조급해져요. 한창 클 나이라 휴식과 수면이 중요한 줄 알면서도 지금 당장 눈에 보이는 모습에 연연하게 되네요."
"부모인 제가 불안하니까 멀쩡히 잘하고 있는 아이를 몰아붙이게 되네요. 조급한 마음을 내려놓는 게 우선인 것 같습니다."

손날 타점

"나는 아이에게 충분한 휴식을 줘야 한다는 것을 알면서도 나도 모르게 주변 아이들과 비교하고 조급해하고 불안해하지만, 이런 나를 마음속 깊이 이해하고 사랑한다."
"나는 아이가 뒤처지면 어떡하나 불안한 마음에 아이를 친구들과 비교하고 잔소리하게 되지만, 이런 나를 마음속 깊이 이해하고 받아들이고 사랑한다."

"다른 아이들은 다 앞서나가는 것 같은데, 우리 아이만 정체되는 것 같아서 뭐라도 해야 할 것 같은 마음이 굴뚝같지만, 이런 조급한 마음부터 받아들이고 내려놓을 것을 선택한다."

얼굴 타점

"아이의 모습을 보고 있자니 너무 조급해진다. 다른 아이들보다 기술도 부족하고, 체격도 떨어지고, 힘도 약해 불안하고 걱정된다. 주변 아이들과 비교하면 잠을 줄여서라도 뭐라도 시켜야 할 것 같은 마음이 굴뚝같다. 이런 나를 마음속 깊이 받아들이고 내려놓는다."

"당장 더 연습하고 뛰는 것보다, 아이에게 충분한 휴식과 영양을 주자. 충분히 쉬게 해서 축구를 좀 더 즐겁게 하고, 골고루 먹여 체격을 키워주자. 실수하지 않아야 한다는 강박보단, 맘껏 실수해도 된다는 여유를 갖게 하자. 아이가 스스로 느끼고 실천할 수 있도록 믿고 기다려주자."

● 폭력과 폭언으로 상처받은 아이의 모습을 볼 때

"초등학생 아이가 감독님에게 온갖 폭언을 듣는 모습을 봤을 때 정말 가슴이 찢어졌어요. 어떻게 키운 아이인데.. 관중석에서 부모들이 뻔히 보는데도 아이 이름이 '개XX'로 불릴 때 정말 비참하더라고요. 운동을 계속 시켜야 하나, 운동만 잘하면 끝인가.. 아이 인성은 어떻게 될까.. 말도 제대로 못 하고 속앓이만 하네요."

"밝고 활기찼던 아이가 집에 와서 아무 말도 안 하는 모습에 운동이 힘든가 했어요. 우연히 샤워하면서 본 아이 엉덩이에 시퍼런 멍 자국을 보면서 그제야 감독님에게 맞으며 운동하고 있는 걸 알게 되었습니다. 그것도 모르고 참고 이겨내라고, 어른이 되는 과정이라고, 사회 나가면 더 힘든 일이 있다고 혼내고 외면했던 게 너무 후회가 되네요. 얼마나 아프고 힘들었을까.. 진학 걱정 때문에 폭행 사실을 제대로 말도 못 하고 참고 견뎌야 했던 게 아직도 마음이 너무 아프네요."

손날 타점

"나는 아이가 온갖 폭력과 폭언 속에 운동하는 모습을 보니 너무 마음이 아프지만, 이 마음을 온전히 이해하고 받아들이고 사랑한다."

"나는 힘들어하는 아이에게 해줄 수 있는 수 있는 게 없어 너무 마음이 아프지만, 이런 나를 마음속 깊이 이해하고 위로하고 사랑한다."

"나는 그런 아이에게 무조건 참고 인내하라고 했던 시간이 너무 후회되고 마음 아프지만, 이 마음을 온전히 마주하고 받아들이고 내려놓는다."

얼굴 타점

"쌍욕 들어가며 운동하고 있는 아이 모습에 너무 마음이 아프다. 폭언과 구타를 참고 운동하는 모습에 마음이 찢어진다. 이렇게 인성까지 망치며 운동을 해야 하는지 회의감이 든다. 감독님은 왜 저렇게 아이들에게 욕을 할까, 왜 그렇게 쥐 잡듯 잡을까 너무 속상하고 답답하다. 그러고도 뻔뻔한 모습까지 보니 정말 진절머리가 난다. 분한 마음을 분출하자니 아이에게 피해라도 갈까 걱정되고, 참고 삭히자니 답답해 미칠 것 같다. 이러지도 저러지도 못하고 속만 썩어 들어가지만, 이런 나를 마음속 깊이 이해하고 받아들이고 사랑한다. 이 마음을 온전히 마주하고 인정한다."

"아이에게 무조건 참고 인내하라고 했던 시간이 너무 후회된다. 얼마나 아프고 힘들고 외로웠을까. 아이에게 아무것도 해줄 게 없어서 너무 속상하고 마음이 아프다. 그저 마음 졸이며 지켜볼 수밖에 없는 상황에 가슴이 찢어지지만, 이런 나를 온전히 이해하고 위로하고 사랑한다. 우선 이런 내 마음부터 치유하자."

● 지도자에게 받은 상처

"감독님이 했던 말이 아직도 마음에 크게 남아있어요. 너무 분하고 억울해서 도저히 받아들일 수가 없습니다."
"온갖 수모를 당했지만, 오직 아이만 보며 참아야 했어요. 혹 아이에게 피해가 진 않을까 아무 말도 못 했습니다. 그때만 생각하면 아직도 마음이 답답하고 힘드네요."

손날 타점

"나는 감독님이 했던 말만 생각하면 아직도 분하고 억울하지만, 이런 나를 마음속 깊이 이해하고 받아들인다."

"그러면서도 아이를 위해 아무 말 없이 참아야 했지만, 그런 나를 마음속 깊이 이해하고 받아들인다."

"나는 아직도 그때만 생각하면 너무 화가 나고 답답해서 도저히 용서할 수가 없지만, 이런 나를 마음속 깊이 이해하고 받아들이고 사랑한다."

얼굴 타점

"그때 감독님이 했던 말만 생각하면 아직도 너무 화가 난다. 도저히 받아들일 수가 없다. 혹 아이에게 피해가 있진 않을까 두려워 아무 저항도 못 하고 꾹 참아야 했다. 그때만 생각하면 아직도 너무 분하고 억울하다. 시간이 지나도 도저히 용서하고 내려놓을 수가 없지만, 어쨌든 이 마음을 온전히 인정하고 이해하고 받아들여본다."

"나를 힘들게 했던 그 사람의 모든 말과 행동을 마음속 깊이 진심으로 받아들이고 내려놓는다. 그 사람이 아닌 나를 위해 용서하고 흘려보낸다. 그 사람 때문에 상처받고 힘들었던 나를 진심으로 위로하고 사랑한다."

● 동료 부모님들에게 받은 상처

"자기 자식만 생각하는 이기적인 부모, 남의 아이를 함부로 평가하고 욕하는 부모, 폭행당한 아이를 모른 척하는 부모, 팀의 잘못된 관행을 무조건 따르라는 부모, 팀에 피해만 끼치는 부모, 뒤에서 험담으로 힘들게 하는 부모.. 아이 운동 시키는데 동료 학부형들에게 받는 상처 때문에 너무 힘드네요."

손날 타점

"나는 동료 학부모들에게 받는 스트레스로 너무 힘들고 괴롭지만, 이런 나를 마음속 깊이 이해하고 받아들인다."

"남의 자식이 어떻게 되건 자기 아이만 챙기는 부모들의 이기적인 모습에 너무 분하고 화가 나지만, 이 분노를 마음속 깊이 이해하고 받아들인다. 상처받고 힘들어하는 나를 진심으로 위로하고 사랑한다."

"같은 처지의 부모끼리 왜 그렇게 권위적이고 수직적인 관계를 요구하는지, 왜 그렇게 뒤에서 욕하고 흉을 보는지, 그런 환경이 너무 화가 나고 답답하지만 이런 나를 마음속 깊이 이해하고 사랑한다."

얼굴 타점

"다른 아이가 어떻게 되건 자기 자식만 생각하는 이기적인 모습에 너무 화가 난다. 왜 저렇게 행동할까, 왜 저렇게 말할까. 무조건 관행을 따라야 하고, 수직적이고 권위적인 분위기에 너무 지치고 속상하지만, 이런 나를 이제는 마음속 깊이 이해하고 받아들이고 사랑한다. 분한 마음을 온전히 마주하고 느끼고 내려놓는다."

"그 사람이 했던 말, 행동, 분하고 억울했던 마음, 제대로 말도 못 하고 꾹 참아야 했던 순간들.. 나는 아직도 그 상처 때문에 너무 힘들고 괴롭지만, 이런 나를 마음속 깊이 이해하고 받아들이고 사랑한다. 상처 준 사람은 잘살고 있는데, 왜 나만 이렇게 힘들고 괴로워해야 할까. 이제는 다 털어버리자. 나를 마음속 깊이 진심으로 이해하고 받아들이고 사랑한다."

● 시즌 중 겪는 감정의 부침

"시즌이 시작되면 하루에도 몇 번씩 천당과 지옥을 오갑니다. 잘했던 아이가 몇 경기 째 실수하고 제 실력을 못 보여주는 모습을 보면 너무 속상하고 힘드네요. 손에 일도 안 잡히고, 운전하고 돌아오는 길에 한숨만 나옵니다."

"열심히 훈련한 아이가 중요한 시합에 나올 때면 정말 온갖 감정이 솟구쳐요. 실수했을 때 아이 마음은 어떨까. 또 집에 가서 어떤 위로를 해줘야 하나. 해줄 수 있는 게 별로 없어서 속만 썩어들어가네요."

"시합 출전도 제대로 못 하는 아이 모습을 보면 정말 오만가지 생각이 다 들어요. 어떻게 온 고3인데.. 전국 대회를 제대로 뛰지도 못하고, 경기 수만 채우려는 모습을 보니 너무 답답하고 속상합니다."

손날 타점

"나는 잘했던 아이가 힘들어하는 모습을 보니 가슴이 너무 아프고 속상하지만, 이런 나를 마음속 깊이 이해하고 사랑한다."

"경기에서 성적을 못 내는 아이를 보니 모든 게 무너져 내리는 것처럼 힘들고 답답하지만, 이런 나를 마음속 깊이 이해하고 받아들이고 사랑한다."

"출전권도 제대로 부여받지 못하는 아이를 보자니 마음이 너무 아프지만, 아이 진로가 너무 불안하고 걱정되지만, 이런 나를 마음속 깊이 이해하고 받아들이고 사랑한다."

얼굴 타점

"부진을 겪는 아이를 보니 마음이 너무 아프다. 경기를 망치는 모습을 보니 너무 힘들고 속상하다. 정말 열심히 훈련했는데 결과가 좋지 않으니 너무 허무하다. 나도 이렇게 힘든데 아이는 얼마나 힘들고 괴로울까. 아이에게 뭐라도 해줘야 하는데 그러지 못해 너무 답답하고 힘들지만, 이런 나를 마음속 깊이 이해하고 받아들이고 사랑한다."

"출전도 제대로 못 하는 상황에 마음이 너무 답답하고 힘들다. 하나라도 보여줘야 하는데 주전도 제대로 못해서 너무 불안하고 조급해진다. 힘들어하는 아이 모습을 보자니 속상하고 마음이 아프다. 그럴수록 감독이 너무 원망스럽고 분하고 답답하지만, 이런 나를 마음속 깊이 이해하고 받아들이고 사랑한다."

"시련이 아이를 강하게 만든다는 것을 잘 안다. 온전히 믿고 맡기자. 속상한 마음부터 내려놓자. 그리고 차분히 기다리자."

실습하기 마음에 응어리진 기억, 감정을 적고 EFT로 하나씩 풀어보세요.

도대체 아이와 어떻게 대화해야 할까요?

"도대체 아이에게 어떤 말을 해줘야 할까요?"
"도통 부모 말은 들으려 하지 않네요."

상담을 하면서 운동선수 부모님들에게 가장 많이 듣는 말이죠. 아이와의 대화에서 가장 간과되는 부분이 바로 공감입니다. 상처받고 불안해진 아이 감정은 외면하고, 논리적인 해결책만 제시하려고 할 때 많은 갈등이 일어납니다. 생각을 억지로 바꾸는 것보다 아이의 힘든 감정을 충분히 공감해주면 대화를 더 쉽게 풀어나갈 수 있습니다. 상황별로 한 번 살펴보죠.

● **아이들은 부모의 말이 아닌 감정을 따릅니다.**

"아빠가 지금 화내는 거 아니잖아! 그러니까 솔직하게 말해봐."
"…."
"그렇게나 연습을 많이 했는데 시합 때 또 실수하면 어떡하니? 뭐가 문제인지 아빠랑 의논해보자. 레슨 시켜줄까? 장비 더 좋은 것 사줘? 말을 해! 그래야 알지!"
"…."

아빠의 말투는 이미 분노로 가득합니다. 시합을 망쳐서 의기소침해 있는 이에게 부모님과의 반강제적인 대화에는 도움이 되지 않습니다. 대화의 성공 여부는 내용이 아니라 전달하는 사람의 태도와 감정에 있기 때문입니다. 그러니 아이와 이야기하기 전에 들끓는 감정이 있다면 먼저 EFT로 내려놓는 게 좋습니다. 아이에게 충동적으로 하는 말만 줄여도 갈등을 많이 줄일 수 있습니다.

● 비교는 최악의 대화법

엄마: "다른 아이들은 잘만 하던데 너는 왜 그래?"
아이: "친구들이랑 비교 좀 하지 마!"
엄마: "너는 엄마가 이야기할 때마다 왜 그렇게 반응해? 철수는 부모님이랑 잘만 이야기하던데.."
아이: "제발 그만해 제발!!"

아이들은 비교를 당하면 자신의 존재가 부정당했다고 생각합니다. 자신만의 성격, 감정, 생각, 체격, 기술, 환경의 특성은 무시되고 그저 비교나 당하는 물건으로 전락했다고 느낍니다. 아이는 부모님을 기쁘게 하는 존재가 아닙니다. 경험을 통해 스스로 배우고 성장하고, 자신의 이상을 실천하기 위해 세상에 나왔다고 생각해 주세요. 아이를 세상에 단 하나뿐인 고유한 인격체로 대해주시면 대화를 좀 더 원활하게 이끌 수 있습니다.

● 공감을 통해 감정부터 어루만져주세요.

"운동이 너무 힘들어."
"사회 나가면 그것보다 훨씬 힘든 일이 많은데 벌써 투정 부리면 어떡하니? 나약해지면 안 돼. 다 어른이 되어가는 과정이야."
"축구가 너무 싫어.."
"네가 하고 싶어서 시작한 축구잖아. 절대 포기하지 않는다고 약속했잖아. 엄마 아빠가 다 지원해 주는데 뭐가 부족해서 그러는 거야? 뭐 때문에 그러는데?"
"우리 감독님 밑에서 진짜 축구 못하겠어."
"감독님이 다 너를 위해서 그러는 거야. 네가 싫어서 그러셨겠어? 이해해야지."
"휴.. 진짜 엄마까지.."

　학교에선 상처받고 집에서까지 외면당한 아이들은 점점 마음의 문을 닫기 시작합니다. 부모님들이 자녀 뒷바라지를 하시면서 가장 후회하는 부분 중 하나가 있습니다. 가볍게 무시하고 넘겼던 아이의 투정이 어떤 말과 보상으로도 움직일 수 없는 단단한 바윗덩어리가 되어버렸을 때입니다. 일부러 망가지기라도 하듯 일탈까지 저지르는 아이 모습에 속이 썩어들어가죠.
　하지만 아이의 감정을 제때 충분히 공감해주신다면 막을 수 있는 일입니다. 어릴 때부터 운동하며 여러 상처를 안고 성장하는 아이들은 무엇보다 자신의 마음을 진심으로 공감해줄 사람을 애타게 찾기 마련입니다. 이유를 불문하고 우선 힘든 감정부터 진심으로 보듬어 주세요.

"운동선수라면 누구나 다 그래, 참아야지 어떻게?"
→ "그래. 온종일 땡볕에서 운동하느라 많이 힘들고 지치지? 야간운동까지 하면 얼마나 지치니? 정말 힘들었겠구나."

"감독님이 너를 싫어해서 그랬었어? 다 너를 위해서야."
→ "실수 한 번 하면 욕하고 소리 지르는 감독님 때문에 무섭고 두렵지? 계속 그렇게 운동하니까 얼마나 불안하고 힘드니? 네가 그런지도 모르고 엄마는 항상 비교하고 참으라고 해서 정말 미안해. 엄마도 네 상황이 되면 힘들고 괴로웠을 거야."

"왜 그렇게 눈치를 봐? 누가 너한테 뭐라고 하는 사람이라도 있어? 그냥 자신감 있게 해!"

→ "실수하면 사람들이 안 좋게 생각할까 봐 두렵고 불안하지? 항상 눈치 보며 운동한다고 얼마나 힘들었니? 자신 있게 하자고 아무리 다짐해도, 몸이 그렇게 움직이지 않아서 정말 답답하고 화가 나겠구나. 그럴 때는 잠시 쉬어도 돼. 마음속에 불안해하는 나 자신에게 다가가 위로해주고 사랑해주는 게 어떨까?"

이런 대화법이 그 효과가 바로 나타나진 않더라도, 아이가 '부모님은 내 감정까지 외면하진 않구나'라고 생각이 들 때까지 꾸준히 하는 게 좋습니다. 그럼 최소한 마음의 문을 완전히 닫고 일탈까지 저지르지는 않을 것입니다. 공감을 통해 형성된 감정 회복 탄력성이야말로 타고난 신체만큼 선수들에게 큰 장점이 됩니다.

● **운동하는 청소년들의 특성을 이해해주세요.**

아이들의 심정을 이해하려면 아이들 관점으로 봐야 합니다. 청소년 특성을 유념하면 아이와 대화하는 게 한결 편해집니다. (우리나라 청소년 기본법은 9~24세 연령을 청소년이라 지칭합니다.) 사춘기에 접어든 운동하는 청소년들은 다음과 같은 특징이 있습니다.

먼저 자기 마음을 들여다볼 여유가 없습니다. 항상 시키는 것만 하고 주변 눈치를 보며 운동해야 하는 상황에서 아이들은 평소 자기 마음 상태가 어떤지 잘 알아차리지 못합니다. 그래서 생각과 감정을 말로 표현하는 데 어려움을 겪습니다. '뭐가 문제야?' '왜 그러니?' '네 속마음을 시원하게 말해!' 이런 질문에 구체적으로 대답하는 아이들은 그리 많지 않습니다.

  신체의 급격한 발달과 정서의 미숙함 사이에 불균형이 생깁니다. 체구가 급격히 성장하지만, 그에 반면 마음은 초등학생에 머물러 있는 경우가 많습니다. 강압적인 운동부 환경에서 자란 아이들이 더욱 그렇습니다. 상황적, 기술적인 요구는 높아지는데 심리적인 부분이 그것을 뒷받침하지 못해 타고난 재능을 발휘하지 못할 때도 있습니다.

  또한, 이성보단 감정이 앞서는 경우가 많습니다. 실수를 통해 배운다고 아무리 말해도 두려움, 수치심에 지배되어 무의식적으로 실수를 숨기려고만 합니다. 특히, 진로나 전학의 문제에서 이성적인 선택보단 지금 순간의 감정을 더 중요시하는 경우가 많습니다. 이런 아이들과의 대화는 감정 공감이 우선입니다. 감정이 편해지면 정보 전달이 한결 쉬워집니다.

  한편으론, 청소년들은 자의식이 심하고 자기중심적인 '상상적 관중(imaginary audience)'의 특성도 보입니다. 마치 자신이 무대 위에서 연극하는 배우처럼 모든 사람이 자기를 쳐다본다고 느끼며 행동합니다. 주변 동료들에게 잘하고 멋진 모습만 보여주려 하고 내가 어떤 평가를 받는지, 어떻게 보이는지에 상당한 에너지를 씁니다. 또한, 대중매체에 자주 보이는 유명인들과 비교하며 자신만의 우화(fable)를 만드는데, 과하면 현실과의 괴리감에 실망과 우울감을 느낄 때도 있습니다. 무작정 이런 모습을 부정하기보단 있는 그대로 인정하고 공감해주시는 게 좋습니다.

  자기가 느끼는 생각과 감정은 너무 특별해서 아무도 자신을 이해해주지 않는다는 생각도 있습니다. 아이들이 자주 하는 말이 있죠. "축구 해보지도 않은 엄마 아빠가 뭘 알아!?" 부모님의 물질적 지원 아래 있지만, 심리적으로는 독립하고픈 욕구가 많습니다. 이럴 땐 아이의 코치나 멘토를 통해 부모님의 의견을 전달해주세요. 힘들게 뒷바라지하시며 키워온 자녀의 이런 모습이 서운하실 수도 있지만, 청소년들의 자연스러운 특성이니 인정하고 지켜봐 주시는 게 좋습니다.

　마지막으로 힘들어하는 아이가 안타까워 매번 부모님이 그 짐을 대신 들어주려 할 때가 많습니다. 하지만 실패를 경험해보지 않은 아이는 시련을 이겨낼 힘이 생기지 않습니다. 운동선수에게 좌절은 피할 수 없는 숙명이기 때문입니다. 당장 구체적인 해결책을 찾아 도와주기보단, 아이가 스스로 추스를 때까지 믿고 기다려주세요. 불안은 아이가 아닌 부모님으로부터 생기는 경우가 많습니다. 아이가 힘들어 보일 때는 의견제시 차원에서 스스로 선택할 수 있도록 정보 제공 역할만 해도 충분히 도움이 됩니다.

지도자 편

어릴 적 스승이 그 아이의 운명을 좌우한다.

필자의 친구 중에 한 중학교 축구부 코치가 있다. K2 리그 팀에서 뛰다가 부상으로 이른 나이에 지도자의 길을 걷게 되었다. 코치로 부임한 뒤 열정적으로 아이들을 가르쳤고, 코칭 공부도 하고 트레이닝 지식도 쌓아나갔다. 하지만 시간이 갈수록 열의는 떨어졌고 아이들에게 불쑥 화를 내는 경우가 많아졌다.

"아이들 앞에서 감정조절이 안 되네. 차분하게 알려줘야 하는데 아이들이 실수하거나 못 따라올 때마다 화가 나서 참을 수가 없어."
"그래. 아이들 가르치는 일이 힘들지. 그래도 코치가 자기감정을 조절해야 하지 않겠어?"
"그렇지. 우리 때처럼 아이들을 강압적으로 가르치면 안 되지. 나도 잘 알아. 근데 그게 말처럼 쉽지 않아. 나는 9살 때부터 축구를 시작했는데 정말 안 맞은 날이 없었어. 실수하면 쌍욕 듣고 엎드려 뻗치고, 뺑뺑이 돌고.. 욕먹고 맞는 게 당연한 건 줄 알았지. 중, 고, 대학교 때는 더 심했어. 심지어 프로팀 가서도 그런 분위기가 많이 남아있었으니까. 선수 때는 그런 문화가 너무 싫었어. 운동선수가 왜 맞으면서 해야 할까? 왜 기술훈련이 아니라 얼차려 받는데 아까운 체력을 소모해야 할까? 왜 쌍욕 들으면서 상처를 받아야 할까.. 축구에만 전념하고 싶은데, 그 외적인 부분들이 너무 싫었어. 내가 훗날에 지도자가 되면 절대 그런 사람이 되지 않겠다고 수백 번을 다짐했지. 근데 막상 코치가 되니까 그렇게 싫었던 지도자들의 언행이 내 모습이 되어있더라고. 그 사람들이 했던 말과 행동을 그대로 하고 있는거야. 소름끼칠 정도로.. 아이들에게 욕하고 폭력을 쓰면 안 된다는 것을 알면서도 욱하고 올라오는 충동을 참기가 너무 힘들어. 또 이런 나 자신이 너무 싫어. 어떻게 해야할까?"

어릴 때부터 폭력적인 환경에서 자란 선수들은 그런 지도자들의 모습이 몸에 깊게 베어있다. 폭력과 폭언의 감정들이 무의식에 크게 자리잡고 있기 때문이다. 그런 언행이 제자들에게 답습되지 않기 위해선, 지도자 자신의 마음을 먼저 정화할 필요가 있다. 억지로 감정을 참기보단, 폭력으로 물든 과거의 기억들을 EFT 기법으로 비워내는 것이 좋다.

● 무의식에 가득한 폭력의 기억을 정화하자.

손날 타점

"나는 어릴 때부터 매일같이 맞고 욕먹으며 운동했던 순간들이 마음 속에 가득하지만, 이런 나를 마음속 깊이 이해하고 받아들인다."

"나는 어린 시절 폭력적이고 강압적인 훈련 문화가 완전히 몸에 베어있지만, 그래서 나도 모르게 폭력의 충동이 자꾸 올라 오지만, 이런 나를 마음속 깊이 진심으로 이해하고 사랑한다."

"나는 그렇게나 싫어했던 지도자들의 폭력적인 언행이 내 몸에 베어있는 모습을 보니 소름끼치게 싫지만, 나를 폭력에 물들게 했던 사람들이 너무 원망스럽지만, 이런 나 자신을 진심으로 위로하고 사랑한다."

얼굴 타점

"축구를 시작할 때부터 항상 맞고 욕먹으며 운동했다. 실수라도 하면 죽도록 얻어맞고 쌍욕들으면서 공을 찼다. 그런 지도자들과 강압적인 분위기가 너무 싫고 답답했다. 왜 그렇게 맞아가면서 축구를 해야하나, 왜 그렇게 상처받으면서 운동을 해야하나 도무지 이해할 수가 없었다. 나는 커서 절대 저런 지도자가 되지 말아야지 수백번 다짐했다."

"그런데 시간이 지나고 보니 그런 폭력적인 언행이 완전히 내 몸에 베어있었다. 욕하면 안되는 줄 알면서도 아이들이 조금만 실수하면 나도 모르게 욕이 나오고, 폭력을 쓰고 싶은 충동이 올라온다. 억누르고 애쓸수록 감정조절이 안 돼서 너무 답답하다. 이런 나 자신이 정말 싫다. 나를 이렇게 폭력으로 물들게 했던 사람들이 너무 원망스럽지만, 이제는 이 마음을 온전히 있는 그대로 이해하고 받아들인다. 폭력으로 얼룩져 있는 내 안의 어린아이를 진심으로 위로하고 사랑한다."

내 안에 폭력으로 얼룩진 어린 나를 위로해보자.

"폭력적인 환경에서 얼마나 힘들게 운동했니? 실수하면 맞고 얼차려 받으면서 얼마나 불안했니? 그렇게 강압적인 분위기 속에서 얼마나 감정을 억누르며 운동했어? 그런 사람들이 정말 싫었는데, 어른이 되고보니 나도 똑같이 행동하고 있을 때 얼마나 소름끼치고 싫었을까? 그래. 내가 너를 너무 외면하고 살았구나. 폭력으로 얼룩진 어린 나를 덮어버리고 살았어. 정말 미안해. 이제 외면하지 않을게. 미안하다. 그리고 정말 사랑한다. 이제 괜찮아. 조금씩 그 기억에서 빠져나오자."

● 선수들을 지도하며 받는 스트레스를 EFT로 풀어내자.

손날 타점

"나는 아이들이 실수하고 못할 때마다 너무 화가나고 답답하지만, 이 분노를 온전히 느끼고 받아들인다."

"나는 아이들이 성적을 내지 못할 때마다 너무 스트레스를 받지만, 이런 마음을 온전히 마주하고 이해하고 받아들인다."

"나는 코칭을 하며 받는 스트레스를 풀 때가 없지만, 그래서 나도 모르게 아이들에게 화풀이를 하지만, 이런 나를 마음속 깊이 이해하고 받아들이고 사랑한다."

얼굴 타점

"아이들이 실수할 때마다 너무 화가난다. 성적을 내지 못할 때마다 너무 스트레스를 받는다. 왜 저걸 못할까, 왜 알려준대로 하지 않을까, 왜 같은 말을 되풀이하게 할까. 너무 답답하고 화가나고 짜증이 난다. 나도 사람인데, 나도 감정을 풀고 싶은데, 지도하면서 받는 스트레스를 풀때가 없다. 그래서 나도 모르게 아이들에게 화풀이를 하게 된다. 하지만 이제 이런 나를 마음속 깊이 이해하고 받아들인다. 내 안에서 끓어오르는 짜증과 분노의 마음을 온전히 인정하고 마주하고 내려놓는다. 이런 나 자신을 진심으로 위로하고 사랑한다."

맺음글

인생의 모든 시련에는 성장의 의미가 숨어있다.

똑같은 방법으로 해도 실패한다면,
이제는 새로운 전략과 방법이 필요한 때이다.

마음이 실력을 따라가지 못한다면,
이제는 마음의 기본기를 훈련할 때이다.

잦은 분노와 짜증으로 힘들어한다면,
이제는 용서와 받아들임을 배울 때이다.

조급함으로 그르치는 일이 많다면,
이제는 여유와 기다림을 배울 때이다.

미움받는 게 두려워 도전하지 못하고 있다면,
이제는 용기와 배짱을 키울 때이다.

모든 사람에게 사랑받고 싶어 집착한다면,
이제는 내 안에 사랑이 결핍된 아이를 사랑해 줄 때이다.

완벽에 대한 강박으로 문제를 만들고 있다면,
이제는 허용하는 마음을 키울 때이다.

통제할 수 없는 일에 집착하며 힘들어하고 있다면,
이제는 내맡기는 마음을 키울 때이다.

혼자라는 생각에 고독을 느낀다면,
이제는 하나님의 사랑과 보살핌을 느낄 때이다.

축구
멘탈 코칭
EFT

초판 1쇄 발행 ｜ 2021년 9월 10일
2쇄 발행 ｜ 2023년 4월 10일

지은이 ｜ 김병준
편집, 일러스트 ｜ 김채린
펴낸 곳 ｜ 멘탈 코칭 미디어
출판 등록 ｜ 2021년 2월 9일 / 제 2021-000028호
주소 ｜ 서울특별시 강남구 도곡로 112, 2층
전화 ｜ 070-8064-2957
홈페이지 ｜ https://blog.naver.com/mental_changers

copyrightⓒ 김병준, 2021
ISBN 979-11-973923-1-3